金翅鳥

有疑惑，才能開悟

濟群法師 著

目錄

推薦序／潭影 10

1 認識佛教 15
認識佛教 16
正信與迷信 20
價值取向 24

2 京城論道 27
對「少林寺風波」怎麼看？ 28
佛為什麼不保佑股民？ 31
佛法與科學到底誰印證誰？ 32
該不該放生？怎麼放？ 33
穿上僧衣就是出家人嗎？ 35
什麼是愛？ 38
學佛應從哪兒入手？ 39

網路能不能＋寺院？ 41
怎麼證明自己得到了解脫？ 43
怎樣看待佛教的歷史新機遇？ 44
怎麼看待神通？ 47
出家人有沒有煩惱？ 49

3
清涼山上話清涼 53
學佛與做人 54
調心之道 61
如理思維 65
身體力行 68
關愛生命 70
佛法在當代 75
修行與創作 79
其他 81

4
青春十問 85
問世間，情為何物？ 86

小夥伴不學佛，還能好好相處嗎？ 89
佛法這味藥，老了才要吃？ 90
真有因果嗎？誰在斷善惡？ 94
什麼該放下，什麼該堅持？ 97
世間追求和學佛不能兼容嗎？ 99
看到名利虛幻後，日子該怎麼過？ 101
被他人的衝突所困擾，如何面對？ 103
我很怕死啊，怎麼破？ 104
明知是「空」的，為啥空不了？ 106
安得雙全法，義工、學業兩不誤？ 108
助人時，如何讓自己笑到最後？ 110
為什麼三級修學能契合不同根機？ 112

5
傳統文化的傳承與傳播 117

社會大學與佛教大學有何關係？ 118
怎樣看待儒釋道之間的關係？ 120
如何讓傳統文化發揚光大？ 124
人生究竟該追求什麼？ 128

入門典籍以何為宜？ 130
怎樣才能把書讀進去？ 134
生態問題說明了什麼問題？ 144

6 西園夜話 149

走入佛門 150
憶念三寶 159
以戒為師 164
菩提路上 171
如理思維 180
緣起無我 186
人生正見 196
人際關係 202
心行成長 211
自利利他 219
工作即修行 226
生死和無常 232
弘法利生 238

三級修學 247

7 與企業家的問答集 253

走入佛門 254
如理思維 261
發心利他 264
智慧處世 270
安心工作 277
環保護生 285
調心之道 290

8 柏林夜話 299

辯證看佛典 300
弘法現代化 302
皈依及修學 304
以戒為師 308
出世與入世 309

何為菩薩 312
禪宗相關 313
認識輪迴 318
需求原理 319
其他 322

9 心靈啟示錄 327

走入佛門 328
心之種種 333
誘惑與需求 339
自利與利他 342
觀我・觀空 344
生死・抉擇 348

濟群法師著作系列 354

静观

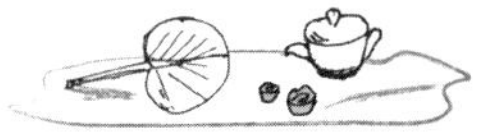

推薦序

心上無鎖，卻很難被開啓。

除非，你足夠幸運，能遇到推開你心門的那個人。

世事更迭，西園寺已多年未去。不知三門殿前的銀杏是否蔥鬱依舊？放生池畔的紫藤是否早已盛開？

那段日子常往蘇州跑，最期待的就是每次活動期間的西園夜話。天王殿前，香樟樹下，明月如霜，五彩教旗隨風輕揚，法師們與信眾對坐暢談的畫面，雖經數年，卻一直留在心中，儼然未散。

遺憾的是，僅記得當時的歡悅與隻言片語，很多教誨已淡忘。直至收到濟群法師這本問答集，如獲至寶。看到書中還收錄了當年的夜話問答，更覺字字珠璣，彷若時光倒流。

從西園到京城，從五臺到支提，從南大到北大，從陽光論壇到柏林夜話，清涼山上話清涼，水邊林下答青春……

從學佛談到做人，從科學談到哲學，從家庭談到企業，從傳統文化談到次第修學，深至唯識，妙如禪宗，引經據典，包羅萬象。談笑間，法師皆信手拈來。

本書名爲《有疑惑，才能開悟》，時間跨越二十餘年，地域涵括南北東西，提問者多達數百人。與其說是問答集，不如說是標月指（編按：即指佛所說之諸法）。

每個生命都是座古堡，每個人都是娑婆世界的過客，各自帶著久未癒合的傷口，頑強地生存。煩惱於我們，不止於情感的困惑、生活的重擔、風雲變幻的名利場，還有對死亡的思考、對自身價值的懷疑、對眞理的探尋……身心疲憊的人啊，誰沒在夜闌人靜時彷徨、無助過？誰不曾悄悄質疑命運之多艱，世事之難料？怎奈無人可問，無人能解。

翻開這本書吧，答案就在眼前。

若因果眞實不虛，爲何造惡之人逍遙法外，與人爲善卻半生流離？法師作答：因果不限於此生，而是貫穿生命的過去、現在和未來。就像種子，從種下到結果會有或長或短的過程，未必能馬上看到苦果的顯現。

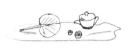

怕死，怕得睡不著，怎麼辦？法師回應：生命是生生不已的。死亡只是這期生命的結束，同時也是未來生命的開始。從這個角度說，人其實是可以不死的。死亡本身並不可怕，關鍵是怎麼死，死了之後到哪裡去？

怎樣才能不生氣？法師出言相勸：面對逆境或受到傷害時，應以智慧觀照自己的心，而不是隨著瞋心跑。那樣的話，瞋心就會像星星之火般，順著風勢燃燒起來。

談及被催婚的煩惱時，法師說：結不結婚，並非只有一種選擇。文明社會的最大特徵，就是懂得尊重別人的選擇。

回答如何用智慧經營企業時，法師告誡：避免事情做成了，心卻做壞了，這是現代社會的普遍問題。

佛爲什麼不保佑股民？您還有沒有煩惱？怎樣做合格的父母？如何忘記別人對我

的傷害？怎麼看待夢？老虎一生會吃掉很多兔子，是否也算造業？……

諸如此類，妙趣橫生的對答還有很多，在睿智的法師面前，大家彷彿回到了學生時代，懵懂，好奇，期盼。原來，我們的問題不分彼此。

展卷，不忍釋手，一氣讀完，幾度唏噓。人類的困惑與悲歡千差萬別，卻又何其相似。追本溯源，不外由一「癡」字而起，各隨其業，所見不同而已。

遙想當年，法師的一席話不知推開多少塵封的心門，改變了多少人的命運。恰如此刻，智慧之語超越時空，亦傳到我的耳邊。在逐字逐句的閱讀中，漸覺心開意解，許多懸而未決的難題都有了答案。

迷時有人指路，惑時得人開解，幾世種下善根，方能感此良緣！

透過問答，我看到的，不僅是一位法師，還是充滿慈悲與智慧的心靈導師。他的眞誠，他的悲憫，他的風趣，他寥寥數語卻洞若觀火的闡述……如陽光遍灑蒼穹，如暗夜閃耀萬千星斗。字裡行間舉重若輕，個中滋味，只待讀者意會。恰如法師所言：凡是表現出來的，肯定是有漏而有限的。若想眞正知道我的心，那就不能僅停留在語

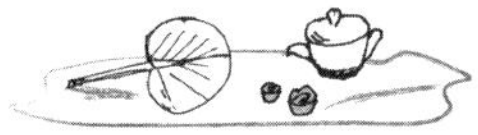

言文字上。

逝者如斯，物是人非，當年的問答已留在當年。它撫慰了彼時的你，也撫慰了若干年後有幸讀到的我。感謝這些真誠的提問，更感謝法師睿智而耐心的解答。

深信，此後歲月，無論身在何處，佛陀的智慧都將與你我同在；而我們，也將因閱讀，與智者一再相遇。

潭影（文字工作者）

二〇二三年七月

1

認識佛教

—— 二〇〇二年南京大學「認識佛教」講座答疑

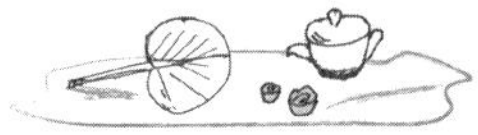

二〇〇二年十一月，濟群法師應南京大學歷史系之邀，爲幾十位博士及碩士做了一場題爲「佛教與中國傳統」的講座，並在講座結束後與在場師生交流、答疑。

認識佛教

問：聽了這次講座後，對佛教有了新認識。我的困惑是，爲什麼在非佛教人士看來，佛學那麼深奧？您覺得是什麼妨礙了我們對這種簡單理論的理解？

答：佛學並不簡單，事實上，它比任何哲學、宗教更博大精深。但在做人方面，佛教爲我們提供了一些簡單、基本的做人準則。

什麼原因使我們無法了解佛教呢？我想，你們應該比我更清楚。我們從書本上得來的佛教印象，往往是經過其他思想處理過的，多半對宗教持否定態度。我們從生活中得來的佛教印象，往往是寺院燒香拜佛的場面，或影視作品演繹的「酒肉穿腸過，佛祖心中留」濟公形象。由此得來的認識，不僅似是而非，且不少是完全顛倒的，本身就是對佛教內涵顛倒、錯誤的演繹。如是，以訛傳訛，成爲人們深入了解佛教的障礙。

佛法是佛陀爲眾生留下的精神食糧。我們不去學習，不會給佛法帶來什麼損失，卻會讓自己失去很多。佛法是人生的智慧，是解脫的途徑，拒絕它，就是拒絕了解自己，拒絕究竟解脫人生痛苦的大智慧。

問：我是學思想史的，據我所知，隋唐時期的老百姓對佛教經典都耳熟能詳。只不過近代以來，受到話語方式、書面語言等原因限制，使我們覺得佛法很遙遠。

答：這有兩方面的原因。語言是一方面的障礙，隨著「五四」白話文運動的興起，現代人的古文閱讀能力比以前差了許多。另一方面，佛教的思想義理確實深奧，因爲它揭示了宇宙人生的眞相，是佛陀在菩提樹下覺悟的眞理，不是僅僅根據文字就能讀懂的。《金剛經》的文字並不深奧，但其中深意卻很難深入。事實上，我們在修行的不同階段閱讀，都會有新的、進一步的理解。但讀不懂也沒關係，因

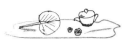

爲佛教也有許多普及性的入門讀物，可以由淺入深漸次學習。

問：講座中，您談到胡適先生寫的《中國哲學史大綱》，他之所以寫不下去是因爲對宗教不了解。但他在《回憶錄》中說，是因公務繁忙才沒完成的。如果把他關在山上，兩三年後就完稿了。

答：關於胡適沒有完成《中國哲學史大綱》的原因，你說的和我說的並不矛盾。他爲什麼要到寺廟閉關呢？不就是因爲不懂佛學嗎？如果他已經有深入了解，就不需要那麼長時間了。

問：我想問法師三個問題。一是您講座中提到的梁漱溟先生，我們知道他對中國文化、印度文化、西洋文化都有研究。請教法師，梁先生的佛學講得怎樣？第二，印度已經沒有佛教了，而是信仰印度教，我想知道佛教與印度教的關係及佛教滅絕的原因。第三，你剛才談到宗教對人類的道德修養有很大作用，但和法律相比，卻是一種軟機制，我同意這個觀點。但我們怎樣解釋另一種現象，即歷史上各宗教之間及宗教內部有很多殘酷的鬥爭事件？

答：梁先生早年在北大講過印度哲學，但他對佛學的研究並不深入。後來他又回歸儒學，他的思想是徘徊於佛儒之間的。

關於第二個問題，印度的傳統宗教是婆羅門教，距今有三千年的歷史。印度的原住民是達羅毗荼人，雅利安人遷入後建立婆羅門教，並占據統治地位。佛教興起後，被稱為反傳統的沙門集團。它對婆羅門教的挑戰，類似西方人文思想對中世紀黑暗統治的突破。佛教的立足點是以人為本，對婆羅門教的祭祀儀式、種姓制度等全面否定。到十二世紀時，佛教逐漸在印度消失。原因主要有兩點：一是佛教人才凋零，而印度教則湧現許多出色人才。印度非常重視辯論，各宗教間常以論辯一較高下，失敗者必須改宗。另一個重要原因，是伊斯蘭教的入侵。佛教在印度消失，是印度的大不幸。在佛教盛行的阿育王時期，整個印度社會安定、生活富足。而佛教退出印度舞台之後，回教、印度教、錫克教之間經常出現爭鬥和

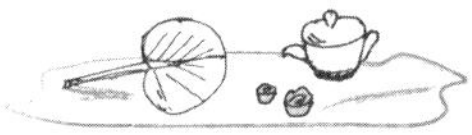

衝突，釀成流血事件。

至於第三個問題，宗教之間所以會產生衝突，主要是因爲宗教的局限性。一神教通常有很強的排他性，甚至爲捍衛宗教發起聖戰。而在佛教歷史上，從不曾以佛教的名義發動戰爭。佛教是一種包容性很強的宗教，也是一種重視和平的宗教。當然，健康的傳統宗教都有共同的道德準則，即做人的基本原則。總的來說，這些準則對維護社會安定具有重要的作用。

正信與迷信

問：我在寫中國建國後祕密社團的論文，比較關注邪教問題。在社會發展的過程中，宗教資源和政治資源、經濟資源、軍事資源一樣，都是不可或缺的。在反邪教的過程中，人們往往以無神論和科學技術來反對它。實際上，他們在鬥爭平臺上找不到對手，因爲科技人員也有相信邪教的。

答：你說的有道理。過去，政府對宗教認識不足，導致整個社會與宗教對立。科學雖能解決一些問題，但並不是萬能的。實際上，兩者無法互相替代。科學有科學所涉的領域，宗教也有宗教所涉的領域。科學是改造物質世界的，宗教是解決心靈問題的。科學能解決的問題，宗教未必能解決；宗教能解決的問題，科學也未必能解決。

曾幾何時，人們認爲練氣功是科學，而信教卻是迷信。所以，信教是難以啓齒的，練氣功反而是光明正大的。這又涉及到另一個問題，人類究竟有沒有信仰的需要？從社會現狀來看，雖然很多西方國家宗教信仰十分普遍，但在中國，很多人沒有信仰也照樣過日子，似乎宗教並非生活必需。因而，人們常以詫異的目光看待佛教徒，尤其是看其中的知識分子，覺得文化人怎麼也信這些子虛烏有的東西？

中國人之所以缺乏信仰，主要是因爲對宗教有太多偏見。當這種精神需求受到壓抑，就會轉而尋找另外的替代物，比如邪教，比如物質。現代人往往透過拚命賺錢、享樂，甚至破壞社會來發洩煩惱。其實，也不能說他們完全沒有信仰。但他

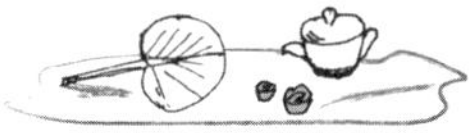

們所信的，只有錢，只有自己，只有眼前的利益和快樂。根據馬斯洛的理論，人類有不同層面的需求，並透過不同領域解決。如果只關心基本生存，那麼宗教的確是不重要的。如果還有更高的精神需求，那宗教絕不是可有可無的。

安全感也是人類主要的精神需求之一。比如，人類對死亡有著與生俱來的恐懼。只要關注到這些層面，勢必會歸於宗教。歷史上風光一時的人物，都已煙消雲散，這便會使人對生命的終極目標產生疑惑。如果沒有宗教信仰，往往會在對生死的探究中迷失方向。不少哲學家和文學家因此產生虛無感，因無法排遣這種虛無而選擇自殺。而佛法告訴我們，生命是無限的延續。死亡只是一期生命的終結，同時，又是新生命的開始。有了這樣的認知，我們就不會畏懼死亡了。在茫茫宇宙中，地球就像太空中的一艘飛船，上不著天，下不著地；沒有來處，也沒有去處。我們從哪裡來，又去向何方？唯有信仰，才能幫助我們找到人生的立足點和最終歸宿。

問：有句話說「平時不燒香，臨時抱佛腳」，是否說明佛教在民眾心目中的地位？

答：「平時不燒香，臨時抱佛腳」的人確實很多。但是，爲什麼他們想到抱佛腳，而不是抱別的腳呢？佛法義理深廣，信徒的理解程度也大相逕庭，只有部分人才有能力深入研究並付諸實踐。多數人只有在遇到困難時才想到佛教，想到去佛菩薩面前尋求保護。不過，這也足以說明佛教對民眾的影響力，否則，他們就會去抱別的腳了。人在遇到困難時最先想到的，一定是最重要、最有能力的人。所以，這個問題恰恰說明佛教的重要性。

問：我接觸宗教較少，提一個外行的問題。宗教給我的感覺很神聖，但我看到許多僧人有世俗化的傾向。特別是在鄉村，有和尚吃肉、幫人做法事等現象。我想知道，眞正有虔誠信仰的僧人在佛教界的比例有多少？

答：你提到的這些現象的確存在。我認爲這既是佛教界的問題，也是中國社會的問題。近幾十年來，佛教一直沒有得到良好發展的機遇，在文化大革命期間還遭到幾乎是毀滅性的破壞。宗教政策落實後，整個社會又處於轉型帶來的無序狀態。如是種種，佛教界也不可避免地存在諸多問題，如因發展旅遊而走向商業化、世俗化。如果在人們需要宗教時，教界不能以純潔的面貌出現，不僅是教界的不幸，也是整個社會的不幸。如果教界失去純潔性，人們就失去了精神家園，失去了心靈淨化之地。我對此也很擔憂，並發表了〈佛教在商業浪潮中的反思〉等文章探討相關問題。

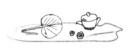

至於有虔誠信仰的僧人占多大比例，我沒有具體調查過。我們每個人接觸到的，只是幾個寺廟，部分僧人，看到不良現象時，不能以點帶面、以偏概全。就我走過的地方看，道風好的寺院也不少。

價值取向

問：您剛才講到執著，如果一個很貪的人，對一切很執著，那麼不執著後又是什麼樣的人呢？如果執著不是很強烈，是否就說明宗教對他的影響較大？另外，執著與得失成敗對立嗎？

答：對凡夫來說，不可能做到什麼都不執著。如果眞的什麼都不執著之後，就是一個自在的人，一個不會受到外界各種變化影響或傷害的人。至於執著不太強烈，也未必就是受宗教影響，也許是往昔善根，也許是天性淡泊，也許是自身修養使然。當然，佛教中有很多斷除執著的方法，可以使我們更快看破、放下。

每個人對人生目標的追求，都是以執著爲基礎。它與得失成敗，在某些方面未必對立，但在某些方面卻是對立的。如果在努力過程中始終執著，必然會因這種執著帶來無盡煩惱。而有些人生追求，雖是以執著開始，最終的結果，卻是放棄執著。即以執著爲起點，以放棄爲終點。從佛法修行來說，如果不放棄執著，將始終處於有限狀態，達不到最終目標。我們在乎一件事，就會落入相應的陷阱中。一旦打破這份執著，心就能和整個宇宙相通。

問：在現實生活中，對別人好一點，自己不會失去什麼。但生活並不總是那麼簡單。

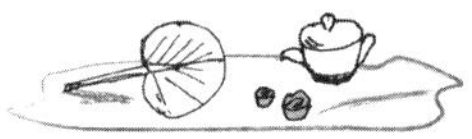

比如三人被困在洞內，其中兩人必須吃掉另一人才能生存，否則在沒等到救援者前來就會全部餓死。這個故事會引起一場對人生價值的爭論，您怎麼看待這個問題？

答：關鍵是你如何爲自己定位，也就是說，你想成爲什麼樣的人。定位不同，採取的行爲也不同。在佛教中，菩薩處處捨己爲人，就像捨身飼虎的薩埵太子一樣，主動爲他人獻身。如果是只爲自己考慮的凡夫，當然會爲了自身利益把別人吃掉。所以，關鍵在於定位，然後就清楚自己該怎麼做了。

2

京城論道

—— 二〇一五年北京大學首屆「陽光論壇」答疑

主持人：我剛剛除了在聽法師的講座，也在刷網易新聞客戶端的圖文直播，和優酷的影音直播。工作人員也告訴我一個數據，今天上午，在影音直播部分，有將近三十萬人和我們一起觀看這場盛事，在圖文直播和我們公共平台上的評論有近千條，說明大家反應很熱烈。

如果從頭到尾聽了濟群法師這個講座，包括線上的朋友，可能和我的感受一樣。我的體會有兩點，第一，法師向我們展示了一個邏輯周密、嚴謹的佛教世界觀，讓我們更加了解佛教眼中的世界；第二，所有語言的背後是五個字，叫濃濃的慈悲。我們對佛教世界觀有大致了解之後，如何將這些理論融入現實生活中？我想，這一定是在座和網路上、手機前的諸位更爲期待的。

對「少林寺風波」怎麼看？

主持人：第一個問題特別接地氣。很多人關注今年的一個社會現象，姑且把它稱爲「少林寺風波」。今天有幸請到濟群法師講述如此美好的「佛教世界觀」，法師也希望由此引發我們對生命的正見。但我們對智慧、對生命的認識，在面對風波時會顯得動搖和脆弱。所以，第一個問題想請法師就這個風波，為我們帶來您的看法，謝謝。

濟群法師：剛才講了這麼高大上的問題，結果一下子這麼現實，是不是有點上氣不接下氣？看來還要能上能下才行。

身為佛教界人士，我們對「少林寺風波」感到很遺憾，因為它影響的不僅是少林寺，還將使佛教這個品牌不斷被抹黑、不斷在貶值。這不僅是佛教界的不幸，也是整個社會的不幸。今天這個社會的人心是如此浮躁，各種心理問題、道德問題層出不窮。

為什麼會有這麼多問題？面對這些問題，我們該怎樣解決？怎麼尋找未來的出路？當今中國最缺乏的就是精神追求，以及心靈、人格和道德的建設，而這些正是佛教最為擅長的，是我們取之不盡的源泉。如果把佛教的招牌糟蹋了，就像把水源汙染了，當人生面臨困惑，當社會出現各種問題，我們靠什麼來淨化心靈，

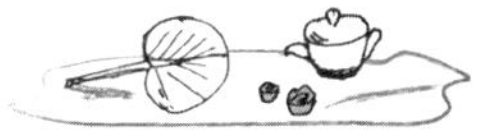

去哪裡尋找解決之道？

我弘法幾十年了，我這麼說不僅因爲我是出家人，是佛教徒，而是眞正看到佛法對社會的價值，看到它可以爲當今社會存在的各種問題提供解決方法。但這不是少數幾個人的事，而是需要大眾共同來學習佛法、護持佛教。如果我們不學習、不維護，都活在誤解裡，最後就會以訛傳訛，導致各種問題。

目前的佛教界，確實存在爲民眾所詬病的現象，對此，佛教界本身也是需要檢討的。佛教經歷文革的摧殘後，在改革開放的商業浪潮下迅速復興，因而在某些方面確實偏離了佛教的本分，甚至可以說是「先天不足，後天失調」。

佛陀建立僧團的基本職能，就是「內修外弘」。一方面是成就僧眾聞思、修行的道場，一方面是承擔傳播佛法、教化社會民眾的作用。無論從哪方面來說，都不應該有商業化的成分。一旦涉及商業，就會有利益糾紛，有人我是非，有各種各樣的社會問題。

在這個問題上，佛教界需要明確自身本分，眞正把握住修行，這才是重中之重。

只要修行上了軌道，就像自身有了免疫力，無論社會環境怎樣，都不會受到感染。

佛爲什麼不保佑股民？

主持人：謝謝濟群法師面對這樣一個其實還頗敏感的話題而不迴避。如今的中國社會已經不是一家一國之事，同樣，如今的佛教領域也不是一教一門之事，需要社會大眾用智慧共同維護，彼此促進。下一個問題更接地氣。今年中國老百姓經歷了股災，爲什麼佛不保佑股民？

濟群法師：佛法是一種人生智慧，首先是爲我們提供正確的理財之道，這才是根本。佛陀對我們的保佑是體現在這個方面。如果我們的理財之道出了問題，比如帶著強烈的投機心理去炒股，而佛卻保佑這部分人，豈不是有很多人要遭殃了？買股票的人有兩種，一種是投資型的，一種是投機型的。前者有利於社會經濟的健康發展，現在社會流行「眾籌眾創」（編按：即群眾募資，大眾創業），對大

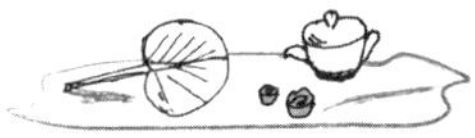

家來說是共贏的。但現在很多人不是本著這種心理在投資，而是急功近利，貪心不足。如果你帶著這樣一種不良的發心，恨不得一本萬利，只贏不輸，這種要求與佛菩薩的慈悲和清淨心是不相應的，自然請求無效。

佛法與科學到底誰印證誰？

主持人：第三個問題，剛剛您在演講中提到了佛教和科學的關係，用了很多理論來互相對照。有人就問，科學是有一千多年歷史的學術，而佛教誕生至今有兩千五百多年，並且宣稱自己是代表著最高的智慧、最高明的人生觀。但今天我們看到的，往往是不斷要用科學發現來印證佛法的內容。換句話說，就是用一個年輕人的說法，去印證一個老年人的成立，這種比較合理嗎？佛法和科學到底應該誰來印證誰？

濟群法師：其實誰也不需要印證誰。爲什麼要比較呢？正如你剛才所說的，一個是老年人的智慧，一個是年輕人的智慧。有時候，年輕人說話的語境、水準和一般大眾比較接近，就要透過這種方式來說。否則，老年人說得太高深了，其他人或者聽不懂，或者聽了沒感覺。

現代人比較崇尚科學，相信科學，覺得科學代表最先進的發現，而佛法是迷信、落後、愚昧的。在這樣的背景下，我們適當用科學和佛教做一些對比，幫助大家透過我們所熟悉的科學管道，間接地認識佛法智慧，屬於應機的權宜之道。換句話說，是用年輕人的方式去讀懂老年人的思想。

該不該放生？怎麼放？

主持人：下一個問題是媒體朋友提出的。因爲近年以來，一些主流媒體越來越關注一個現象。這個現象，在接受它的人群裡越來越受歡迎；但在不接受的人群裡，有一點成了「過街老鼠，人人喊打」。這個現象就是「放生」。我們在很多媒體上可以看到關於放生的各種報導，比如把蛇放生在住宅區，放生不適當的外來水族，破壞了生態平衡。我們知道，放生是佛教重要的傳統，是慈悲心的修行，現在也有很多佛教徒用各種方式來參與並發起放生。對佛教徒的這種熱情，和社會大眾對它的不理解甚至排斥，到底該怎麼協調？怎麼放生，才能讓所有人快樂和諧？

濟群法師：在漢傳佛教中，淨土宗比較重視放生。這是一個信眾很多的群體，在知見方面也相對較弱。另外，這幾年藏傳佛教進入內地後，也特別倡導放生。部分上師可能因爲語言、時間等問題，很難和漢地信眾深入溝通，透過這種方式更容易聚集人氣。這兩種情況有個共同點就是教育不足，所以側重求福報、求保佑；眞正出於菩提心來放生的反而不多。

如果不是帶著對眾生的慈悲心來做，就可能只管放，較少考慮後續問題。這樣的做法，自然會帶來各種問題。所以我覺得，我們需要一些反思，來倡導更合理的放生方式。

放生的關鍵，首先是慈悲護生。人本著慈悲心關愛動物，將牠們從屠刀下救渡出來。不僅如此，保護生態環境，其實也屬於放生的範疇。對這件事要綜合考量，在解救生命的同時，還要考慮牠們後續的生存，考慮對周邊環境的影響。而不是單純地以放多少生命爲導向，一放了之。甚至還有人提前預定，讓相關從業者去捕撈，就更是有違放生的初衷了。

關於放生，一方面是應本著慈悲護生之心，一方面是要以我們現有的智慧盡量考慮周全，並不斷學習各種相關知識，給放生物相對安全且合適的生存環境。當然，任何事情都在變化中，不是我們都能考慮到的，但只要我們努力做到以上幾點，就能讓放生成爲慈悲利他的行爲。

穿上僧衣就是出家人嗎？

主持人：謝謝法師，我們還是要不離開慈悲和菩提心的攝受，以護生爲關鍵，自然會知道該如何處理所放動物和環境乃至人類之間的關係。你要想著，自己有沒有對動物生起慈悲心，生起愛心？有時候，可能只想著透過放生來積累福報，而不是在看到動物面臨刀下之苦的時候，生起極大的悲憫之心，想著怎麼讓牠好好地活

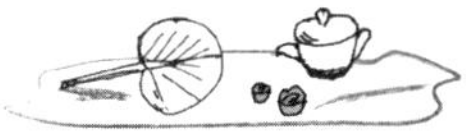

著。如果沒有這種想法，你對牠是不負責任的，同時也是違背了放生眞正的精神。

有個問題是剛剛從微信平台發來的，問得可能有些直接和尖銳。第一，現在有些披著佛教外衣的出家人，卻做著很讓人無法接受的事，難道穿上僧衣就是出家人嗎？什麼是眞正的出家人？第二，佛教不是教人謙卑、平和、平等嗎？怎麼感覺現在法師們都成了高大上，很多學佛人也成了站在道德制高點上的法官，批判不入自己法眼的普通人，這還是智慧的佛法嗎？如果佛法是智慧的，爲什麼會教出這樣的人？如果不是，爲什麼大家還要相信佛法？如何樹立正知見？

濟群法師：這是很複雜的一連串問題，表達了對現在佛教現象的不滿。當今社會的市場缺乏規範，各行各業都有僞劣假冒現象，佛教界也不例外。一方面，假僧尼甚至假活佛很多，這些人大大損害了佛教在社會上的形象。另一方面，因爲教育、修行等種種問題，佛教界對傳統繼承不力，在僧格養成方面有些薄弱。

身爲出家人，外在形象要有具備出家人的威儀，有如法的言行。從內心來說，則要寧靜、脫俗。如果和在家人一樣，他們喜歡五欲六塵，你也喜歡五欲六塵，就變得和他們一樣世俗了，憑什麼受人尊敬，憑什麼化世導俗？怎麼做到這些？一方面要學習戒律，依戒行事，養成僧格；一方面要勤修定和慧，知道身爲出家人的使命是什麼。總的來說，佛教界在這些方面相對薄弱，這也是我們未來努力的方向。

說到出家人受人尊敬，其實是來自這個身分所體現的內涵。一個人能夠放下世間的執著，以追求眞理、道德、智慧爲人生目標，把自己獻身於服務社會大眾的事業，自然會受人尊敬。這種尊敬是來自社會民眾自發的，而不是出家人自己把自己端起來。我經常告誡佛學院的學員，不要產生身分的優越感。如果你覺得出家了，在身分上就高人一等，其實別人看你卻好不了多少，這是最糟糕的。所以出家人要透過加強修學，來完成自我的提升，而不是覺得自己高高在上，對別人隨便指手畫腳。社會有這樣的評論，不完全是空穴來風，佛教界確實存在這些現象，這是需要反思的。

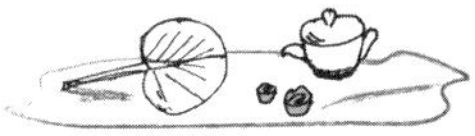

什麼是愛？

主持人：謝謝濟群法師這麼坦率和真誠的回答。下一個問題比剛剛簡短得多，只有四個字，什麼是愛？

濟群法師：愛的定義，彈性頗大，有愛情、親情，還有自私的愛、無私的愛，情況很多。從廣義來說，愛有慈悲的特點，不忍心看到對方痛苦，要幫助他、愛護他，希望對方更快樂。所以，愛是建立在同理心的基礎上，對他人抱著深深的同情，然後願意幫助他離苦得樂。但我們凡夫的愛會充滿黏著，從而帶來自私、占有、嫉妒等現象，這樣的愛就會變得很狹隘、很糾結、很痛苦。

佛教所說的愛，是佛菩薩的愛，是慈悲大愛，那就是要愛一切眾生。但僅僅慈悲還不夠，社會上有不少人也願意幫助他人，但最後幫助得苦苦惱惱，進退兩難。所以還要講智慧，具備無所得、無黏著的心。就像《金剛經》所說的，要「滅度無量眾生」，但在自己內心，「實無眾生得滅度者」。雖然在度化眾生，但沒有對「我」的執著，也沒有對眾生的執著，也就是無我相、無人相、無眾生相。只要還有我或眾生的執著，這種愛就沒有跳出凡夫的貪著。有這個苦因在，總有一天會引發苦。

學佛應從哪兒入手？

主持人：這個問題是微信平台上轉來的，他說聽了法師上午的講座，覺得特別好，很想跟著法師好好學習智慧。但他好多詞都聽不懂，何況還有那麼多佛經，那麼多法師在說法，該怎麼選擇？換句話說，如何學習智慧？

濟群法師：修學佛法確實不容易。不容易的原因，一方面是現在的人心氣浮躁，每天都很忙碌；另一方面，佛法博大精深，經教這麼多，法門這麼多，很多人覺得無所適從，不知如何選擇。我在多年弘法過程中，雖然也到處講座，其實講完最多就是和大家結個緣，沒有提供後續的服務，就像撒了一把種子，然後就任它自生自滅了。

我看到，多數人學佛既缺乏氛圍，也沒有系統引導，很難學好。所以這幾年，我創了一套「三級修學」課程，就是希望大家學佛有氛圍，有次第，有方法，有引導。

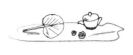

首先是氛圍。學員有十五個人，每星期在一起學習、交流、討論。

其次是有方法。現在學佛有兩種情況，一是偏於玄談，學了很多道理但用不起來；二是盲修瞎練，每天忙著念經念咒，但不知道如何把佛法變成自己的認識，進而改變自己的心態和生命品質，可見方法很重要。在三級修學課程中，我們有一整套的學習方法，幫助你學習法義，站在理解的基礎上，進一步接受並運用，完成觀念、心態、生命品質的轉變。

第三是有次第。我們讀書是從小學到中學，然後大學、碩士、博士，如果沒有次第，就像一個人剛開始就學博士課程，學得來嗎？事實上，不少學佛人開始就讀《六祖壇經》《楞嚴經》，其實是很難切入的。還有一種情況，你拿著小學課本讀了二十年，結果怎麼樣？還是小學水準。所以在打好基礎後，還要不斷提高水準，而且是循序漸進地提高。

第四是有引導。所有課程都是經過精心設計的，有學習的書籍和音像資料，還有各種輔助教材，有輔導員陪伴大家共同學習。

這些學習主要是在線下，但我們也有一個「菩提書院」網站，上面不但有課程資料，還有大家修學後的改變。對各地眞正有心想學佛的人，我們會爲他們提供課程，幫助他們組成修學的團體，製造氛圍。我說的感覺像是在做廣告。

主持人：對，這是很明顯的廣告，而且置入時間很長。

濟群法師：這是公益廣告，你這是公益論壇。

主持人：這個廣告應該做，我再補充一點，大家可以上網搜尋「菩提書院」四個字，除了網站，還有微博、微信等各種平台。

網路能不能＋寺院？

主持人：終於能回到我們的主題了，就是「開啓網路＋智慧」的大時代。到底什麼是網路＋？就是網路加上各個行業，可以＋創業，＋創新，＋電商，＋物流，等等。那網路能不能＋寺院，能不能＋智慧？加出來會是什麼樣的效果？請法師談一談您對「網路＋」的認識。

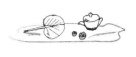

濟群法師：「網路＋」是現在流行的一種傳播方式、推動方式，就是以網路的視野和方法去做各種事情。最近騰訊推出「網路＋寺院」，就是讓寺院進入網路時代，讓上網的人透過網路去感受寺院。我覺得這是很好的嘗試。

講座一開始我談到，爲什麼要在「網路＋智慧」的論壇上講「佛教的世界觀」？因爲網路和世界有關，我們只要帶著放眼世界的視野、胸懷去做每件事，就能站上更高的立足點，讓事情從有限變成無限。當然，這必須是佛法的智慧，而不是世間有限的智慧。佛法是人生的大智慧，用網路來傳播佛法，網路將會成爲我們認識智慧、開發智慧、成就智慧、運用智慧的平台，將古老的智慧變成適應現代人需求的公共智慧。

主持人：謝謝法師的精采回答。網路和佛法的精神，應該有很深的契合之處。希望每個人的智慧，都可以成爲彼此的公共智慧。

怎麼證明自己得到了解脫？

主持人：最後三個問題。學佛是爲了「解脫」，那到底什麼是解脫？怎麼證明自己得到了解脫？

濟群法師：解脫是佛法修行的核心，但說到解脫的時候，我們要麼覺得解脫距離自己非常遙遠，不敢想像自己也能修行解脫；要麼覺得解脫過於消極，好像要把世間的責任都放下不做才能解脫。這些都是對解脫的誤解。

我覺得，今天的人特別需要解脫。社會大眾普遍活得很累、很迷茫、很困惑，內心有很多煩惱。而佛法所要解脫的，恰恰就是我們內心的迷惑和煩惱。一般人遇到煩心事的時候，通常會透過喝酒、旅遊、娛樂來排解，其實，這些只能起到短暫的緩解作用，並不能解除內心的煩惱之根。

學佛所做的，是透過對內心的智慧觀照，看清楚這些煩惱，然後有的放矢地根

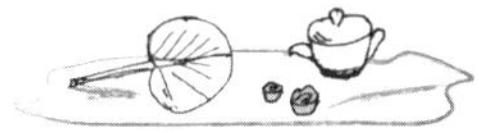

除它。所以，「解脫」並不是讓我們離開一個空間到另一個空間，而是內心的解脫。當我們斷除內心的迷惑煩惱，一樣可以生活，可以做事業，但能過得明明白白，更加幸福，更加智慧和慈悲。所以，解脫是人人都需要的，沒有哪個人不需要。

怎樣看待佛教的歷史新機遇？

主持人：下面這個問題滿有體量的：今年四月，中共中央政治局常委、全國政協主席俞正聲在北京人民大會堂會見中國佛教協會新一屆領導成員時，談話指出，要積極挖掘佛教教理中的積極內容，廣泛聚集力量，爲社會發展服務。我的問題是，在您看來，什麼是佛教教理中的積極內容，難道佛教還有不積極的內容嗎？我們知道之後，才好取捨學習。

第二個問題是：今年四月，中國國家宗教事務局局長王作安提出，中國佛教事業大有作爲的歷史性機遇即將到來。在您眼中的佛教事業是什麼？該如何看待歷史性的機遇？

濟群法師：佛法是對人生、對世界的正確認識，雖有三大語系、各種法門的不同，但佛法的基本思想都是非常有價值的。可我們也要看到，在佛法流傳過程中，確實給人留下過消極避世的印象。

其中一部分來自世人對佛教的誤解。比如佛法講無常、講無我、講涅槃，很多人會覺得這些過於消極，覺得無常是否定，無我也是否定，甚至把涅槃等同於死亡，這些都是出自對佛法的片面理解。事實上，無常是要否定「將世界執以爲常」的誤解，無我則是否定「非我執我」的錯誤設定，涅槃則是要平息內心的迷惑和煩惱。如果我們對其中內涵沒有正確理解，光聽到這些觀念，會誤以爲佛教是消極的。這就需要透過弘法來正本清源，糾正誤解。另一部分則是因爲部分修行人偏於自了，沒有發揮大乘佛教積極利他的精神。這就需要弘揚菩提心教法，明確內修外弘的職責，在自身修行的同時，不忘化世導俗，利益大眾。

除了對負面的否定，佛法還有對正面的開顯。我在長期弘法過程中，針對當今社

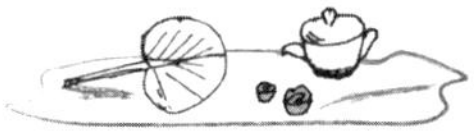

會存在的各種問題，如城市文明、環保、財富、幸福等，以及人生的永恆問題，如「我是誰」「生從何處來死往何處去」等，都會從佛法的角度，提出智慧的思考和究竟的解決之道。所以我深深感到，佛法智慧不論對處理社會的現實問題，還是解決生命的永恆困惑，都有非常重大的意義。

至於說到「新時期」，這的確是一個非常特殊的時代。有人說是最好的時代，也有人說是最糟的時代。其實，是最好還是最糟，取決於我們有沒有智慧。如果我們有智慧，那麼，網路給我們提供的資訊、平台，是任何一個時代無法比擬的。你可以利用一切便利來完成修行，同時好好利益社會。在今天，每個人都可以和世界相通，可以充分施展才華，爲大眾盡一份力量。所以從弘法手段來說，這個時代提供的因緣非常好。

從另一方面來說，這個時代又問題重重，不僅有社會、人心的問題，還有以往所沒有的生態、環保等問題，而且誘惑眾多。如果沒有智慧，我們就會陷入這些混亂狀態，迷茫，痛苦，糾結，身不由己。

所以，我覺得關鍵還在於人，在於你有沒有智慧：你是可以轉這個境界，還是被境界所轉？《楞嚴經》說：「若能轉物，即同如來。」反之，心隨境轉，就是凡夫。你要當凡夫還是聖賢，主要看你是能用好這些條件，還是被這些外物迷惑，迷得暈頭轉向，找不到北。

主持人：謝謝法師！是在烈火中粉身碎骨，還是火中生紅蓮，在於自己對時代的把握。把握得好，對每個人都是最好的機遇。把握得不好的話，自己在煩惱中，那誰也沒辦法。

怎麼看待神通？

主持人：這個問題是即時提問的，和您上午的內容有關：在法師的講座中，我幾次聽到一個詞叫「神通」，請問您有神通嗎？法師還談到佛會發光，您會發光嗎？

濟群法師：主要看你對「神通」怎麼定義。禪宗公案記載，學人問他的禪師：人家都說您神通廣大，能不能跟我們顯一下神通啊？禪師說：當你把飯端過來，我能接

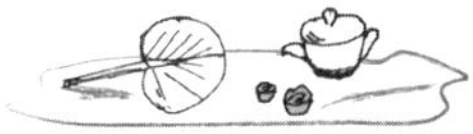

過來吃；你問我問題，我可以給你回答，這就是神通。

佛教所說的「神通」有兩個內涵。一種是異於常人的表現，比如佛陀的放光動地。一種是在生活中，能夠有智慧地穿衣吃飯。就像禪宗說的「飢來吃飯睏來眠」，其實是很高明的修行境界。可能有很多人會覺得疑惑，這麼簡單，眞的很高明嗎？難道這就是佛法修行嗎？要知道，很多人眞的不會好好吃飯睡覺。吃飯的時候，或者胡思亂想，或者百般挑剔，或者忙著發朋友圈，能夠安住清淨心，了了分明吃飯的人，其實眞的不多。

主持人：「大道至簡」大約也就是這個意思。這個問題聽起來很戲謔，但事實上，這也是很多人對佛教的一個誤解。當年太虛大師也說過，現在很多人看待佛教是「不問今生問來世，不敬蒼生敬鬼神」。很多人對佛教的信仰，落在了追逐神通，乃至追逐名利、得失上。對於「神通」這個話題，法師如此大道至簡的一個回應，不像之前那麼多的內容，我想這恰恰就是一個禪者的風範，就告訴你不要胡思亂想。

出家人有沒有煩惱？

主持人：今天上午的最後一個問題，是對您個人的，很直接：法師剛剛提到學佛是爲了消滅煩惱，那您還有沒有煩惱？

濟群法師：這是一個很常見的問題。很多人會好奇：出家人到底會不會有煩惱？一個人有煩惱還是沒煩惱，不僅和生活方式有關，也和他的觀念及看問題的方式有關。爲什麼那麼多人關心煩惱的問題呢？因爲現代人的生活比較

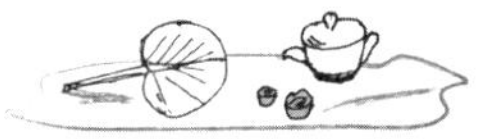

混亂，愛恨交織、糾纏不清的事情太多，可謂煩惱重重。

身爲出家人，首先生活簡單，沒有世間的各種壓力。更重要的是，在做事的過程中有佛法智慧引導，這本身就不容易產生煩惱。我曾經發過一條微博，講做大事有五大利益。我說的大事，就是追求覺醒，同時幫助一切眾生走向覺醒。做這樣的事有什麼好處呢？首先是不容易起煩惱，因爲它就不容易成功。沒有成敗得失，有什麼可以煩惱呢？後面若干點我就不一一說了。

我始終覺得，出家人沒什麼得意和失意的問題，很多事情只要去做就是了。如果你有因緣做一些利益眾生的事，固然很好；如果沒有因緣，你可以自己靜修，坐看雲起，也很好。反正怎麼都是好的，就不容易有煩惱。

主持人：這就好像守安禪師一首很有名的禪詩說的，「南台靜坐一爐香，終日凝然萬慮亡，不是息心除妄想，都緣無事可思量」，就是法師這樣的清淨、莊嚴和慈悲，掌聲送給法師。

但行好事，莫問前程。今天上午的論壇到了現在，看起來前程似錦，非常好，現場大眾也應該受益很多。我們今天在台上領教的，不只是來自蘇州西園寺戒幢佛學研究所一位名叫「濟群法師」的佛學導師，我們感受更多的是他充滿眞誠、坦率、慈悲，而且我還感受到他身上有一種非常寧靜的氣質，這是他在佛教中修行多年所成就的僧格。從某個角度來說，也是我們平時所說的人格。我們都能感受到，具備這樣僧格的法師，他所傳達給我們的美好特質和光芒。就像「陽光論壇」的名稱一樣，他把智慧法語、心路歷程分享給我們，像陽光灑進我們的心靈。

3

清涼山上話清涼

—— 二〇〇五年「五臺山清涼之旅夏令營」答疑

二〇〇五年夏天，濟群法師應邀參加「五臺山清涼之旅夏令營」活動。除專題講座外，主辦單位特地安排半天時間，請法師爲營隊隊員答疑解惑。

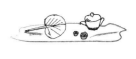

學佛與做人

問：佛教也提倡孝道，請問出家人怎樣實踐孝道？

答：孝道有各種表現形式。出家人行孝的方式，主要是以修行、以引導父母學佛來報答養育之恩。若父母確有生活困難，戒律也允許出家人供養父母，甚至可以接到寺廟或附近居住。世人所以覺得出家人不孝，多是受「不孝有三，無後爲大」的觀念影響。這代表儒家傳宗接代的觀念，但它就是唯一正確的標準嗎？事實上，若不是這一觀念誤導，中國的人口數量及男女比例會更平衡些。

至於對父母的報答，其實有許多出家人做得並不比在家人差。當今社會，眞正有孝心的並不是很多。而出家人因爲學佛修行，往往更有感恩心，更能體會父母的恩情，更懂得知恩報恩。

問：我有個朋友，母親信佛多年，他受母親影響而學佛修行，並因此不願結婚，現在三十多歲了。母親逼著他去相親，他見了對方表示不願意結婚，覺得沒有共同語言。但母親說，如果你不結婚，我就改信基督教。他還是堅持自己的觀點：我沒有感覺，無法結婚。現在，他母親改信了基督教。從佛法的角度，怎樣圓融地處理這類事？

答：結婚和不結婚，代表著不同的個人意願或需要。有的人需要結婚，有的人不需要結婚，不是只有一種選擇。其實，現在社會上有很多人不喜歡結婚，寧願做單身貴族。人不是非要結婚，非要千篇一律地上學工作、結婚生子，最後退休養老，每天無聊地打打麻將，稀里糊塗地離開世界。願意這樣過的人，當然可以這麼過，但不願意這樣過的人，應該有選擇的自由。

我覺得，文明社會的最大特徵，就是懂得尊重別人的選擇。在封建社會，父母之命就是一切。問題是，若他們的意見是錯誤的，是否有必要用自己一生的幸福來協助他們完成這個錯誤？若父母不考慮兒女的自身需求，只要他們絕對順從才能

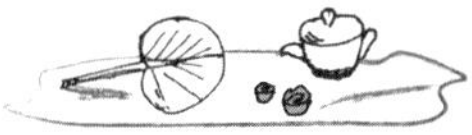

滿意的話，那是一種狹隘、畸形的愛。

至於這位母親因此改變信仰，足見其信仰之膚淺。其實很多人根本不了解佛法的大智慧，覺得信佛教和信基督沒什麼區別，那種所謂的信，只是泛泛的迷信、盲信。他們只想得到暫時的依賴和安全感，對人生沒什麼深入思考。這種需求，是一般宗教都可以滿足的。這樣的人，其實信什麼宗教都一樣。當然，眞正要開智慧、了生死，眞正要明心見性、安頓身心，那就非得學佛、修行不可。

問：建立佛化家庭需要注意哪些問題？

答：建立佛化家庭，需要注意的主要有三點：一方面，是以佛法觀念引導整個生活。《善生經》中，佛陀就爲我們講述了如何處理人際關係的種種，從而使夫妻雙方、兄弟姊妹、六親眷屬之間和諧相處，同時還要培養慈悲心，善待一切人。另一方面，是按照戒律的標準生活。從事的職業一定要正當，堅決杜絕法律和戒律不允許的行爲。更重要的，是在生活中始終保持超然的心態，以出世的心做入世的事。

問：上次受八關齋戒後，師父說不能妄語，最好禁語。我就反省自己，再觀察別人，發現大家說的話更多，且百分之九十九都是廢話。我最近幾天觀察大家交流，也不外乎是情緒的宣洩。法師怎樣看待？

答：不妄語，是對自己負責，也是對他人負責。如果別人覺得你整天在說假話，和你在一起就沒有安全感。修行的終極目標，是將我們導向眞實，而妄語卻是在種虛妄之因。我們都是活在自己的內心，而非客觀世界中。所以，想法、情緒、欲望就決定了我們的生命品質。眾生被無明所惑，積累了太多的情緒和疑惑，就需要發洩，需要說出來。對於這種需要，一般人往往是不能自主的。

我覺得，人的內心就像一個裝著各種動物的動物園，而我們就是給動物投食的人。投放口味不同的食物，會有相應的動物跳出來活動。若是生命不經過有效管理，就會陷在這一大堆混亂中不能自拔。雖然你會有很多想法，覺得「我就這麼想的，我就喜歡這樣」，其實還是在習慣中身不由己。比如你抽菸，似乎是因爲自己喜歡，可能做到馬上不抽嗎？你討厭一個人，似乎是主動的選擇，但能夠立刻就不討厭他嗎？如果我們有自主權，應該有決定的能力，有立刻改變自己言行和想法的能力。事實上，戒菸或改變看法都需要一個過程，才能逐步養成對這件事的自主能力。修行，關鍵是培養生命的自主能力，使任何情緒無法左右我們。同時，我們還要對每個人本著理解的態度，這也是修習慈悲的前提。不要總是站在自己的主觀立場覺得應該怎樣，然後以此衡量一切。發洩或牢騷，是某些心理活動的必然結果，都是正常的。按照佛教觀點，世間沒有好人或壞人之分。我給它的定義，是健康和不健康的人。如果我們能這樣看待並理解每個人，理解每個人所以需要發洩的眞正原因，將會有更多的慈悲心，也能更有愛心給他人實際的幫助，而不只是看不慣他人的行爲。

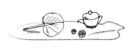

問：我發現，企業行爲和佛法有很多矛盾。經商要有兩個重要素質，一是形勢導向，

不斷確定目標；二是以各種手段達到目標，那必然要傷害他人、巧取豪奪等。這是我自己的親身經歷，做三家企業都偷稅漏稅，否則就活不下去。如何用佛法指引我們不那麼罪惡地經營企業？

答：今天的社會，尚未建立非常有序的市場競爭機制，要做好企業確實不易。我經常感慨，現在很多人因爲做事把心做壞了。面對惡性競爭，企業不這樣那樣做就會面臨生存問題，一旦做了又內心不安，確實處於兩難境地。

前面說過，每個人的做事方式是由價値觀決定的。過去，我們衡量一個行爲成功與否，大多是從客觀結果判斷，看投資獲得多少回報，比賽取得什麼成績。比如開公司，幾十年後，積累了相應的財富和管理經驗。又如打籃球，人們重視的結果，不外乎比賽取得良好成績或是技術得到全面提升。除此之外，還有項重要投資往往被人忽略，那就是心的參與。我們做每件事都有心的參與，相應的，每件事都會有兩種結果，一是客觀結果，一是心行結果。也就是說，我們以什麼心做事，最後會強化或成就某種心態。若以不良心態做事，就在強化負面心態，最後

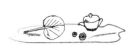

事情做成了，心卻做壞了，這是現代社會的普遍問題。

很多人事業有成，卻感受不到人生快樂，這樣的成就有什麼意義呢？所以要學會算帳。社會上精明的人雖然多，包括在座的各位有很多是社會精英。但從佛法眼光來看，若不能看破輪迴的虛幻假相，而是沉迷其中，把暫時當做永久，忽略生命的眞正意義，不管多麼聰明，其實都是傻瓜。因爲你所追求的只是虛幻的泡沫，其意義甚至不足幾十年。你離開世界時，這些成就都和你從此不相干，於了生脫死更是一無用處。從另一個角度來說，事業成就越大，死時可能更痛苦，因爲實在是捨不得，實在是放不下。相反，流浪漢臨終時可能還自在些。

所以，如果我們能從較高的角度審視人生價值，就能看清什麼是輕，什麼是重，就懂得怎麼去做了，抉擇時也就不會茫然，不會患得患失了。身爲佛弟子，我們應該知道，以偷稅漏稅來獲取更大的利潤，是否是屬於正當行爲。如果一個企業必須透過偷稅漏稅才能經營下去，那麼，這個企業似乎沒有存在的必要。

調心之道

問：《金剛經》云：「應無所住而生其心。」但師父們經常說要「安住其心」，又說「制心一處，無事不辦」。我想知道，「無所住而生其心」和「制心一處」是否矛盾？到底應該住還是不住？

答：若能做到無所住，當然是最好。無所住，即沒有任何執著。但是，你現在做得到嗎？事實上，生活中有許多表現得對什麼都不在乎的人，一旦在乎起來，可能比誰都在乎。人的心理很複雜，有些人對很多事情都很冷漠，很不在意。可一旦遇到感興趣的，就會特別執著。就像同樣的壓力下，受力面積越小，單位面積承受的壓力就越大。若把全部精力投放一個點上，必然深陷其中。我將這種狀態比做心靈的巨大陷阱。怎麼辦呢？我常告訴他們，暫時不妨多在乎一些人，多在乎一些事。也就是說，不要只挖一個陷阱，哪怕多挖一些，也比只挖一個深不見底的要好，因為那樣太難爬出來。所以說，不要高估自己的能力，即使你現在覺得什

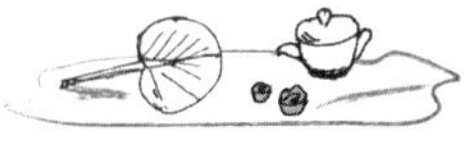

麼都不在乎，也不要掉以輕心，以免不經意間落入比別人更深的陷阱。

「應無所住」代表較高層次的用心。心的覺性本是無住的，並非透過後天修成。前面講過，心有兩個層面，一是相對的，一是絕對的；一是心的現象，一是心的本質。契入心的本質時，就有了「無所住」的功用。如此，任何東西無法沾染其上。因爲心的本質就是空性，任何情緒、塵勞都無法染汙它，就像雲彩不能染汙虛空一樣。

如果一時做不到心無所住，不妨先選擇一個健康而無副作用的對象「安住其心」。一旦具足相當的「止」力，再依正見修「觀」。隨著觀照力的增強，自然能做到心所無住。

問：如何忘記過去曾受過的重大挫折？忘記別人對自己的傷害？

答：忘卻痛苦的方法有二，一是培養正面情緒。情緒有負面和正面之分，哪種力量更強，就會將我們導入相應的心理軌道。所以，我們要壯大正面情緒的力量，就像以改善體質來對抗疾病干擾那樣。一是面對它，想想是哪件事令我們痛苦。狹隘的心是無法承受傷害的，因此會形成巨大的心結。其實，眞正傷害我們的，往往是自己的心結，而不是具體的某個人、某件事。許多人心中都有這樣或那樣的心結，一旦產生作用，我們馬上就被它抓住，一頭扎進痛苦中。現在，我們要從更高的角度來審視這些，將問題重新思考一遍，再思考一遍，一直思考到你覺得這其實沒什麼，然後把它放下。若能這樣，即使還不會馬上忘卻這件事，但它能造成的影響就微乎其微了。

當然，還有更好的辦法，就是當下解決。因爲心有製造煩惱的能力，也有當下解除煩惱的能力。一旦激發這個能力，煩惱就像雪花落入燃燒的火爐，立刻會自動化解。這是比較高明的用心方法，不過多數人可能一時用不起來。

問：有種說法是，如果一直跟著心走，心指向哪兒，你就做什麼的話，會活得很眞實。但現實中我們總有很多束縛，總有很多該做的事。有時難免產生矛盾，知道

自己該做什麼，但想做的卻是另一件事，那該怎麼辦？是一輩子做該做的事，還是一輩子隨性地做事？或者說，做兩件這個，再做兩件那個？

答：從佛教角度來說，做自己願意做的，未必是好事；做自己不願意做的，也未必是壞事。有些人願意做的，可能是吸毒，可能是打麻將，可能是暴力行爲。願意，代表著一種情緒，一種生命習慣，可能是健康的，也可能是不健康的。若是健康的，生命素質能因此得到提升和淨化；若是不健康的，順其自然就會不斷墮落。很多時候，有些事是我們不願去做的，但很有意義，做了對生命有所改善。但也有些我們不願做的事，做了也沒意義，卻又不得不做。比如很多人每天上班，身體不舒服還要去，根本沒有做不做的自由，是不是？

問：就是說，當你沒自由時就接受它，有自由時就看情況選擇？

答：這就對了。不過也不是不加判斷地接受，還是要做基本判斷：比如，這個工作是否屬於正命？如果不是，即使生活暫時會受到影響，也要馬上考慮換工作，否則受苦的還是自己。

如理思維

問：《六祖壇經》講「不思善，不思惡」，與「諸惡莫作，眾善奉行」的教法是否對立？

答：「不思善，不思惡」與「諸惡莫作，眾善奉行」並不是對立的，而是代表兩個層面的修行。佛法修行中，基本上是貫徹「諸惡莫作，眾善奉行」的原則。但修行不僅是止惡行善，更要超越對善惡相的執著。因爲修行最終要契入空性，以哲學角度來說，即通達絕對眞理。空性又名眞如，超越了一切善惡，這就必須擺脫二元對立的心。

我們眼中的世界，是相對的世界；我們現在的心，是二元對立的心。換言之，每個心念都有相應的對象。比如想起某個人、某件事，都有「能想」和「所想」。而在空性層面是沒有對待的，是「不思善，不思惡」的絕對世界。凡夫活在相對

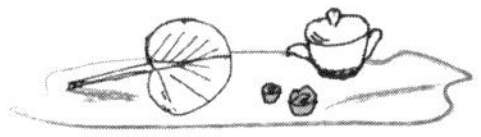

的世界，而聖賢同時活在相對和絕對的世界。體悟絕待（編按：絕諸對待，或說絕對）的空性時，是超越善惡的。安住於相對（編按：或說相待）時，則要「諸惡莫作，眾善奉行」。對普通人而言，相對現象與絕待的心似乎會發生衝突。但對聖者而言，心的相對層面和絕對本質是可以並存的。

問：佛法說「諸行無常」。我理解，無常就是沒有恆定不變的東西，並不是說事物沒有客觀規律。我是學中醫的，我們的一些基本觀念，如《周易》衍生的陰陽、五行、藏象（編按：即臟象，是研究人體各個臟腑的生理功能）、經絡等，也是統領客觀規律的原理。身爲中醫，在治病過程中，這些理論是不可少的工具。我想知道，身爲學佛者，應當怎樣認識、對待並應用這些規律？

答：身爲中醫來說，需要了解我們的生理結構和脈絡，這種了解並不影響學佛。緣起法確實有規律可循，幹任何一行，都要鑽研它、了解它，在這個前提下，才有能力正確認識乃至應用。

至於佛教所說的「無常」，和這些規律並不矛盾。所謂規律，必須具有普遍性和必然性，只要是客觀規律，一定是相通的。區別只是在於，對規律的認識存在程度深淺的不同。另外，佛教對客觀規律的認識，目的是爲了斷惑證眞，了脫生死，不同於單純的治療疾病。當然，學佛能幫助我們深化對身心世界的認識，也是有助於學醫的。

問：法師是研究唯識的，我想請問，「六七因中轉，五八果上圓」是說什麼？

答：根據唯識觀點，我們有八個識，分別是前五識（眼識、耳識、鼻識、舌識、身識）、第六意識、第七末那識、第八阿賴耶識。修行過程中，首先運用的是第六識，這也說明修行是從分別、造作入手。因此，第六識和第七識在初地、二地已開始轉依。而前五識和第八識則要到成佛階段，在金剛道後才能轉依。簡言之，在修行轉化心念的過程中，心識的轉化是有先後次第的。

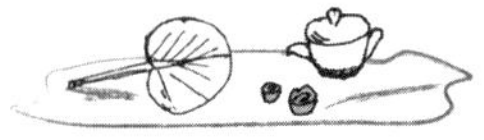

身體力行

問：無爲而爲是佛法修行的最高方法，但初學者卻不可能一下子就達到無爲而爲。身爲初學者，很多時候仍是有爲而爲，感覺很累，障礙也較大。但若要無爲而爲，又達不到那個境界。應當如何處理？

答：有爲和無爲，是修行的不同層次。開始必定是有爲的，任何人都不例外。或許有人會問：祖師不是說「平常心是道」嗎？關鍵在於，什麼是「平常心」？對絕大多數人來說，現有的心是很不平常的。因爲我們現有的心行基礎是無明我執，是貪瞋癡，若不是用很大的力量，根本無法擺脫。只有脫離這種不平常的心，眞正的平常心才會顯現，然後才談得上沒有造作的用心。無爲而爲的用心是有次第的，並非開始就什麼也不學，什麼也不分別，坐下來什麼也不想，那多半是在打瞌睡吧？所以，起初必定是有爲的，然後再以相應的方法導入無爲。從有爲到無爲，並非水到渠成，也需要特定的引導。

問：在修學過程中，感覺總有許多障礙。怎樣才能克服這些障礙？

答：佛法告訴我們，修行如一人與萬人敵，當然會有障礙。因爲修行是改變原有習慣，對我們這顆混亂的心重新管理，全面整治。但無始以來，生命已形成巨大慣性，很難眞正脫離原有運行軌道。這就必須發起出離心，也就是對五欲六塵的出離，對生命原有軌道的出離。我們初學打坐時，往往妄想紛飛。事實上，這正與平日的執著有關。最在乎的，必定是打坐時出現最頻繁的念頭。而那些我們從不在乎的，自然不會形成干擾。

所以，修行首先要有強烈的出離意願，唯有這樣，才能排除外緣干擾。就像我們在一個地方待煩了，一刻也不想忍耐，只求速速離開。這時，此地的一切不再使我們留戀。若離開的願望並不強烈，就難免有些牽掛，有這樣那樣讓人戀戀不捨的執著。如是，讓你立刻放下那些干擾打坐的念頭，也就很困難了。

此外，應以佛法智慧審視人生，透徹世間，培養超然的心態。再打坐時，就不會浮想聯翩了。心是可以調整的，我們想起幸福往事，會怡然自得；若是引發痛苦

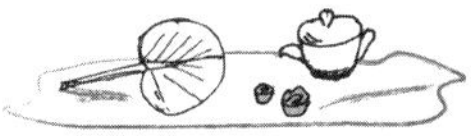

記憶，會悲從中來。但每個人對幸福和痛苦的感受程度又是不同的，面對同一件事，不同人會做出不同反應。這就取決於觀念和心態的差別。

心又像有很多頻道的電視，若不是對其中某個頻道有強烈興趣，往往會東想西想，思緒紛飛，就像我們平時坐在電視機前拿著遙控器不停轉台那樣。如果我們能經常念死無常，念三惡道苦，念人身難得，就能逐漸強化出離心。久而久之，心中唯有解脫的意願，別無他念。如此，便能鎖定這一頻道，就像球迷遇到世界盃直播時，其他節目都無法讓他轉移目標。如果我們能夠排除一切干擾，修行障礙自然隨之減少。

關愛生命

問：農業生產中，農民爲了增產不得不殺死一些害蟲，以得到充足的食物來源。但對一些信佛的農民來說，要怎樣處理這些矛盾？

答：農民種地，確實會面對很多「害蟲」。之所以稱其爲「害蟲」，是站在我們的角度來說。通常的做法，無非是噴農藥。但身爲佛教徒，尤其是受了五戒之後，是不可以殺生的。既然這樣，就不能以獲得好收成做爲犯戒的理由。其實，人生就是一個取捨的過程，時常面臨孰輕孰重的抉擇。當然，生存很重要，但止惡行善、了脫生死是否更重要呢？對我們來說，生存只具有暫時的意義，而修學佛法才有永久的意義。雖然灑農藥可使收成暫時提高，但所造殺業將有嚴重果報。從另一個角度來說，農藥越多，蟲也越多。從實際情況來看，不僅蟲從未殺盡過，還會使糧食受到農藥汙染，直接危害人類健康。所以，我們在以慈悲心對待一切生命的同時，也要積極尋找更健康、更人道、更有利於環境的耕作方式。

問：如果外族侵略中國的話，我們也抬頭讓他殺嗎？

答：這又是另一個問題了。佛教戒律分聲聞戒和菩薩戒兩大類。五戒是屬於聲聞戒，受了就不能殺，這是受戒時所做的宣誓和承諾。當然，如果你覺得生存或者物質利益高於一切，別無他求，那怎麼做就是個人選擇了。但若覺得人生還有更重要的目標，就應以戒律做爲行爲標準。所以說，價值觀決定了我們的取捨，是以生存高於一切，還是以修行重於一切。

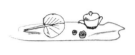

此外，佛教還有更高的菩薩戒，不僅要止惡，更要行善，要利益一切眾生。身爲菩薩，可以毫無保留地布施包括生命在內的一切。如果有這樣的發心，可以在特定情況下爲利他而開殺戒或是其他，這在《瑜伽菩薩戒本》中有明確說明。比如菩薩看到歹徒要殺死很多人，可以爲保護他人而將之殺死。但這也涉及發心問題，若只是像俠客那樣嫉惡如仇，仍屬凡夫心態。身爲菩薩，不僅要關心被傷害的人，即使對現起殺心的歹徒，也應生起極大的悲憫。想到此人將造作深重罪業而墮落惡道，爲使其免遭未來苦果，寧願自己將他殺死，寧願自己墮入地獄也不使他造下重罪。果能本著這樣的悲心行動，不但不犯戒，而且功德無量。

所以說，對外族入侵的問題，可以根據自己的發心和所受戒律來衡量。在特定情況下，菩薩可以抵禦外族入侵，前提是以慈悲心去做，爲利益更多人去做。

問：動物界相互殘殺，比如老虎一生會吃掉很多兔子，那牠是否也造下很多罪業呢？

答：動物造殺業是出於生存本能，罪過較輕。這和它的業力有關，因爲感得這樣的果報身，才以這種方式生存，沒有經過意志選擇。造業的輕重，不僅取決於行爲本身，更取決於發心。按照戒律，若無心造作殺業，雖有業罪卻不犯戒，果報也是很輕的。所以，從佛教觀點來看，業有重有輕，有定業和不定業，有可悔有不可

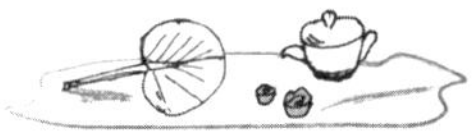

悔，不能簡單地一概而論。

問：佛法講不殺生，但植物、眞菌等也都是生物，那麼吃素是否也意味著殺生呢？

答：雖然動植物都是生命，但有層次的不同。佛教所講的不殺生，主要是從動物的角度來說。佛教認爲，動植物分屬有情和無情眾生，因爲它們受傷害時產生的痛苦程度不同。佛教慈悲一切有情，同樣包括我們自己這個色身。如果連植物也不吃的話，便無法生存了，那就白白浪費了寶貴的人身。所以，戒律要求人們在力所能及的范圍內、在最大程度上避免傷害眾生，但不是絕對的。有道是「佛觀一缽水，八萬四千蟲」，但我們如果連水都不喝，很快就會死去。我們喝水，是爲了讓這個色身繼續維持下去，這和因貪戀美味而殘殺動物是不同的。另一方面，我們也要對一切生命，包括水中的微生物心存慈悲，心存感恩。所以，喝水前要念咒，喝了再迴向給它，使之早日超生。

佛教繪本故事

不拘年齡！大人小孩皆可閱讀、都「繪」喜歡的佛教故事！

◎融入佛教中助人、慈悲等利他思想。勉勵讀者不畏失敗、跌倒了再爬起來！
◎亞馬遜近五星好評！精選10則《本生經》與最受歡迎的千手觀音故事！
◎學習千手觀音與佛陀的智慧，啟發善的品格與受用一生的道理！
◎融合大自然與動物的精美插畫，增添繽紛色彩，進入想像世界！

慈悲的英雄 千手觀音的故事

作者／哈里．愛因霍恩（Harry Einhorn）
繪者／柯亞．黎（Khoa Le）
譯者／李瓊絲　定價／380元

如同英雄一般的觀世音，
也曾因挫折而一蹶不振。
當千手觀音遇到困境，
祂該如何重拾勇氣？

佛陀的前世故事 與大自然、動物 一起學習仁慈、友愛和寬恕

作者／蘿拉．柏吉斯（Laura Burges）
繪者／索娜莉．卓拉（Sonali Zohra）
譯者／李瓊絲　定價／600元

什麼？森林中的猴子、
鸚鵡和瞪羚……
都曾是佛陀的前世！

佛法在當代

問：昨天主辦單位介紹您時，提到您對當代社會有很多思考。我的問題有三個：一是法師認爲現代社會有哪些大問題？二是佛法發展到今天有哪些大問題？三是佛法怎樣適應主流社會？

答：這些問題是不是太大了一點？世間是有漏的，也就是有缺陷的。在有漏的世間，必然有各種問題出現。社會問題不用我來說，因爲社會學家多得很，你們每個人自己也能發現。

至於佛教的問題，其實和你們的關係也不是很大。雖說佛教界存在不少問題，但佛法是沒有問題的。當佛教成爲一種社會現象，就成了社會問題的一部分。因此，佛教的問題和社會環境有關，也和大眾素質有關，並不單純是教界的問題。中國佛教經過文化大革命摧殘，然後在社會轉型的背景下迅速恢復起來，存在問題是在所難免的。但我們必須相信佛法是大智慧，是圓滿、究竟的，是幫助我們

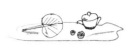

認識生命眞相，解脫生死煩惱的唯一途徑。

佛法在世間的流傳，確實要適應社會。所以，我們目前也在做佛法現代化的工作。弘揚佛法，人人有責，這不僅是出家人的事，也是每個在家居士的責任。你們可以在力所能及的範圍內做一些事，比如將自身學佛心得和他人分享，也可引導親朋好友親近善知識，或者助印經書。總之，可以選擇自己有能力承擔的方式參與。我覺得，這是世間最有意義的事了。現代社會最大的問題，就是人心的問題！大眾有什麼樣的心，就會有什麼樣的社會。所以，中央行政機構也在號召「以德治國」，倡導「建設和諧社會」。一旦心態得到改變，各種問題就迎刃而解了。

問：近年來，佛教對社會影響日盛，滲入生活的各個層面。當佛教在社會中影響越來越大後，會不會謀求更大的影響？政府會對此做出怎樣的反應？

答：佛法在世間的使命是利益一切眾生，使之斷煩惱、開智慧、了生死，這也是它的存在價值。從基本層面來說，則是幫助我們獲得良好心態，這正是很多人渴求的。身在佛教界，當然希望佛法弘揚，使之更具有影響力，給社會民眾帶來更大的利益。目前，我們在各地舉辦的夏令營，也是在做這種努力。至於推廣到什麼程度，則由眾多因緣決定。比如，佛法在世間的流傳離不開政府支持，如東晉道安大師所言：「不依國主，則法事難立。」至於能否得到支持，取決於有什麼樣的政府；而擁有什麼樣的政府，又與民眾共業有關。從佛教角度來說，政府也是人民的福報感得。若政府眞正認識到佛教對淨化道德人心的價值，那是社會之福，眾生之幸。

問：有些學者提出，中國社會在幾十年左右將發生問題。因爲大學生普遍就業困難，農民利益得不到保障，加之天災人禍。若沒有信仰爲基礎，社會難免面臨各種困擾。佛教是安撫人心的，那麼教界能否主動參與，重塑國人的價值觀？

答：社會怎樣發展，代表著眾生的共業。所以，我們更應該關心的是當下。在佛教界

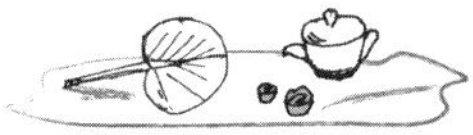

來說，積極弘揚佛法，就是爲了幫助大家建立良好的心態，樹立正確的人生觀。一方面，是爲社會盡一份責任；另一方面，是實踐佛菩薩的慈悲精神。至於能做到怎樣，那不是我們能左右的。從我個人來說，一向是以無所得的心在做，不敢指望會改變哪個人，也不覺得自己一定能改變哪個人。當然，我希望所說的這些對你們有所啓發。我做的，僅此而已。

問：基督教特別主張慈善救助，還發展出一套理論和體制。相比之下，大多數佛教修行人卻在深山中。請問，兩者的社會意義有高下之分嗎？

答：從慈善方面來說，基督教做了很多年，確實做得比較好。但佛教也提倡慈悲濟世，利益眾生，只是更側重精神方面，相比之下，在物質方面做得比較少。不過，這幾十年情況已是有所改觀，尤其臺灣教界，如證嚴法師創辦的「慈濟功德會」規模就很大。大陸南普陀等道場，也在積極從事慈善救濟事業。在給予眾生物質利益方面，不論是基督教做還是佛教做，效果都一樣。所以，我們也隨喜讚嘆基督教的慈善行爲。

但我們也要看到，佛教有更高的智慧，能給予人類更究竟的幫助，那就是明心見性，了脫生死。另外，佛教所要利益的是一切眾生，而不僅僅局限於人類。在行布施等善行時，更應做到「三輪體空」：了知施者、受者、施物三者皆空無自性，了不可得。果能如此，其意義遠勝於一般的世間善行。

修行與創作

問：我的問題想分兩步問，第一，如果學禪到一定程度，內心是否會有一種喜悅、平靜，做事特別有智慧？第二，我是學文學的，很多精采的文學作品是在憤怒、仇恨、絕望、痛苦的狀態下寫出來的。假如我們都學禪並達到那種境界，都很平靜，很有智慧，什麼問題都可以解決。那麼，慷慨激昂的作品會不會產生？藝術會不會很單調？

答：第一個問題的回答是肯定的，那正是修禪的利益之一。至於第二個問題，如果擁有平靜、安詳、自在的心，確實不會再去創作那些充滿愛恨情仇的作品。但我想問的是，文學創作的意義究竟在哪裡？古人賦予文學特定使命，即「文以載道」。本著這樣的精神創作，作品才能對社會做出健康、智慧的引導。而不是將人導向令人躁動的愛恨情仇，令人惆悵的悲歡離合，我覺得那是沒有意義的。就像很多迎合大眾口味的食品，實際卻是危害身體健康的殺手。當我們知道眞相後，還願意爲了美味的誘惑而置健康於不顧嗎？

問：比如《史記》，也充滿各種欣喜、憤怒的感情，但並沒有把我們導向仇恨。如果司馬遷也像禪者那樣平靜的話，可能寫不出這種作品。

答：歷史著述基本上是以客觀手法做記錄，可以說是理性多於感性。雖然也會帶著作者自身及所處時代的立場，但不會像文學作品那樣，處於特定的情緒狀態中。所以，我覺得歷史傳記和那些充滿愛恨情仇的文學作品，還是有所區別的。

如果司馬遷也學禪，能否創作出好作品呢？學禪能使人更爲理性、淡定，更具洞察力。我想，若有佛法智慧爲引導，當然會創作出更有價值的作品。

其他

問：法師說「時代不同了，男女都一樣」，但我聽說法師不收女弟子，爲什麼？在《善生經》中，妻子對丈夫要先起後坐，先意承旨。如果我是封建時代的婦女，只負責家務，那我沒意見。但現在我要承受比丈夫更重的社會壓力，一邊要工作，一邊要把家照顧好。那麼，怎樣理解這種平等呢？

答：一切生命有相同的層面，換言之，六道眾生和十方諸佛在某個層面是相同的，區別只在於迷悟與緣起的顯現。佛法的緣起論說明，世間一切都是因緣顯現，沒有固定不變的特質。所以，男眾、女眾，有地位、沒地位等，只是緣起的假相。當佛教成爲一種社會現象，就必須順應社會環境、風俗等方面，這就需要有相應的制度。而進入更高層面的修行，又要超越這些外相，否則就無法提高。但完全否定這些外相，佛法在世間也無法健康發展。這就是眞俗二諦，即事物的兩面

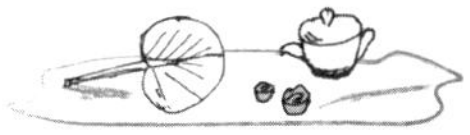

性，需要辨證看待。我不收女弟子，主要是指出家眾。至於男眾，就有條件爲他們提供較好的修學環境。

在當今社會，女性所能發揮的社會作用並不比男性差。在臺灣佛教界，就有一大批非常出色的出家女眾，且人數遠遠超過男眾，比例高達八比一。而在大陸教界，目前大體是男眾的天下。所以，佛教界將來確實有必要爲女眾創造更多的修學條件，使她們在佛法弘揚上發揮積極作用。

至於《善生經》，你剛才只說到妻子對丈夫的義務。其實，《善生經》對相關問題的闡述是相互的，既說到妻子對丈夫的義務，也談到丈夫對妻子的義務，我覺得還是相當平等的。當然，《善生經》有其時代背景，因爲佛陀說法是對機而說。當時，婦女因爲不外出工作而承擔更多的家務。如今時代不同了，也可根據具體情況相互協調。

問：生活中有些被大家稱爲城府很深的人，這種人能否修證佛法？

答：每個人都可以修行，可以成佛。當然，人確實存在差別。有些人世俗心特別發達，而有些人則相對超然。原因何在？就在於生命的不同積累。無始以來，我們一直都在造作不同的業力。有些人常懷慈悲，善根深厚，奠定了學佛的增上緣，極易與佛法相應。還有些人行為不端，障深慧淺，積聚了深厚的貪瞋癡，很難受到法義薰陶。比如那些被大家稱為城府很深的人，其特點，往往是比較自我、虛偽，善於欺騙，這與佛法所說的「直心是道場」正相反，確實會對修道構成一定障礙。不過，有情生命是緣起的，是有可塑性的。如果我們有計畫地努力改造，沒什麼是不能成功的。

問：身為弘法者，如果以說話為主要溝通方式，是否會因說得太多而造成過失？一方面，您所說的和我們所聽的肯定不一樣，因為聽眾難免會產生歧義，儘管這誤導並非法師本意。另一方面，從行之於心到行之於口的過程中，有時內心明白，語言卻未必能完整表達，會造成客觀上的過失。這種過失是否會使您產生壓力？我當過老師，有時在堂上講很長的時間，學生也聽得高興，因此會有一種滿足感。但是有時候和同輩談了很多之後，內心反而會特別空虛。可見說得太多，對心靈確實會產生影響。那麼，法師能否達到「隨口說，隨口忘」這樣一種境界，把所有說出來的忘了？

答：以前剛當法師時，上課或講座都需要事先準備，考慮怎樣把這個內容講好，確實會對內心產生一些影響。相對而言，現在這樣的感覺就比較少。要說一點影響都沒有，可能也不見得，不過我自己感覺不明顯。

在隨緣弘法的過程中，比如回答各位的問題，表達中確實會存在不圓滿的地方。當然，這也和聽眾有關。我現在弘法相當隨緣，很多時候，是感應下的自然反應。所以，聽到我說什麼，其實也和你們有關。你們有什麼樣的聞法態度，自然就會感應我說什麼樣的法。說了，也就過去了，凡是表現出來的，肯定是有漏而有限的。若想眞正知道我的心，那就不能停留在語言文字上。

4

青春十問

—— 二〇一七年第十四屆菩提靜修營答疑

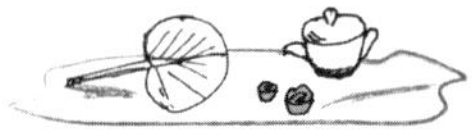

主持人：法師好，各位營隊隊員好！當炎炎烈日遇到火熱的青春，當年輕生命遇到古老的智慧，當充滿問題的腦袋遇到傳說中的高僧……水邊林下，濟群法師與各位隊員的答疑，就是在這些因緣下成熟的。你們是隊員中的幸運兒，今天坐在這裡，可以說是代表青春來發問的。

問世間，情爲何物？

問：我是同濟大學主修英語和法語的學生。佛法說緣起性空，說「凡所有相皆是虛妄」，又說「一切有爲法，如夢幻泡影，如露亦如電，應作如是觀」。臺灣作家林清玄在書中寫道，「玫瑰與愛是如此類似，盛開的玫瑰會一瓣一瓣落下，愛到了頂點，也會一步步地走入淚中。」其實世間所有的情都是虛妄的，無常的。我們和父母、朋友、戀人之間的感情，會在不同程度對自身修行造成一定束縛。可要斬斷與他們的情感，也會對他們造成傷害。請法師開示，我該如何平衡世間的情和找尋自我？

答：生活在世間，每個人都要面對各種感情，這些構成了重要的人生內容。學佛後，法義告訴我們：世間一切都是虛幻而短暫的。但這並不是要我們放棄感情，正相反，佛法智慧恰恰是幫助我們站在更高的角度看待感情，而不是沉溺其中，看不清彼此應有的定位和關係。

現代社會有無數誘惑，感情和婚姻也比任何時代受到更多衝擊，前所未有地不穩定。以往的家庭中，白頭偕老屬於常態。但今天，兩個相親相愛的人走到一起，海誓山盟，希望天長地久，但可能要不了多久就會出現問題，甚至各奔東西。即使還在一起，也多半吵吵鬧鬧，無法和諧相處。

爲什麼會這樣？除了外部因素，關鍵是我們自身的感情觀和婚姻觀存在問題。如果兩個人都以自我爲中心，不考慮對方所需，不懂得善巧經營，或是充滿占有欲，自私嫉妒，以「愛」的名義一味索取或綁架。時間長了，勢必會產生衝突，彼此對立。這都需要從調整觀念做起。

身爲佛弟子，應該怎麼正確看待感情，與他人和諧相處？比如利他心，就是在相

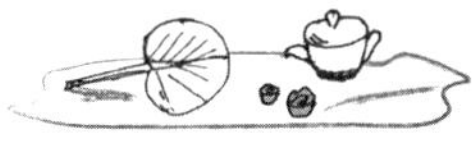

處時以對方爲中心，而不是只看到自己的感覺。當彼此關係出現問題時，如果大家站在各自的立場，互相指責，很容易使矛盾升級。反之，如果彼此都能理解對方，自我檢討，問題自然能迎刃而解。

而佛法所說的「如夢幻泡影」則告訴我們，一切都是條件關係的顯現。不管感情也好，婚姻也好，都是眾緣和合而成的。只有創造良好的因緣，才能讓這種關係好好維持下去。同時也在提醒我們，不要過分執著於某種關係。因爲執著隱含著占有，隱含著對永恆的期待，希望海枯石爛不變心。事實上，世間一切都是無常的。如果看不到這一點，就會在關係出現變化時難以接受，痛苦不堪。

當我們看清感情的緣起性，就知道應該從哪些方面調整，讓雙方能在彼此相處中得到成長。當因緣確實不具足的時候，也能安然接納，而不是因此給自己帶來無謂的傷害。

感情是年輕人比較關注的話題，眞正懂得什麼是愛，學會愛親人、愛眾生，把小愛昇華爲清淨的大愛，我們的世界會和現在完全不同。

小夥伴不學佛，還能好好相處嗎？

問：我是一名大三學生。我的困惑是，身邊朋友有時喜歡出去吃喝玩樂，追求虛假浮誇的表象，甚至做些不如法的事。我的內心會產生距離感，覺得我們不是同一類人，但也會覺得孤獨。請法師開示，我該如何看待這些現象，如何與他們相處？

答：你說的困惑，可能有很多人、尤其是學佛人都會存在。因爲這種追求享樂的生活方式在今天特別普遍，我們學佛前可能也和他們一樣。學習佛法之後，看到生命的意義和價值，有了更高的人生追求，自然會對這些行爲不以爲然。但整個大環境都是如此，如果沒有很強的心力，難免會有何去何從的困擾。

如何面對這種現象？我覺得首先要接納，不排斥，不牴觸。每個人都有自己的選擇，有權按自己的方式生活。如果隨著自己修學的深入，有能力影響對方，可以適當加以引導，發心幫助他們。如果暫時還沒有能力改變，可以和他們保持距離，但內心不要對立。每個人只能活在自己的生命狀態中，他的生活方式來自他

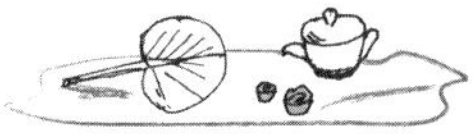

的認知。在他看來，那麼做才是對的。只有透過學習改變觀念，才能從根本上改變生活方式。

人生就是不斷選擇的過程，做事也好，朋友圈也好，都會隨著人生追求的不同而改變。孔子將朋友分爲益友和損友，還有孟母三遷的典故，都是說明交友的重要。這種影響是潛移默化的，所謂「近朱者赤，近墨者黑」。從某種意義上說，選擇朋友就是在選擇自己的生活方式。所以佛教特別重視親近善知識，甚至把善知識稱爲「全梵行」（編按：梵者清淨之義，梵行又譯淨行，本義是清淨的行爲、值得稱讚的行爲），也就是說，一切修行功德都來自善知識。因爲善知識會傳遞給我們正能量，指引我們改變觀念，進而改變心態和生命品質。

佛法這味藥，老了才要吃？

問：在這個資訊發達的時代，年輕人會面對各種思想和觀點，往往難以判斷。比如我接觸到這樣的觀點，認爲青年時應該以儒家文化爲主導，積極入世；中老年時以道家文化爲指南，道法自然，順應自然；晚年時則應該以佛法爲歸屬，超脫生死。對這種針對人生不同階段的選擇，法師怎麼看？

答：中國在春秋戰國時有諸子百家，到漢魏之後，主流文化幾乎是儒釋道三家。佛教雖是外來文化，但傳入中國已有兩千多年歷史，和本土文化水乳交融，互相影響，早已成爲傳統的重要組成部分。

佛教最初傳入時，曾和中國文化有過衝突的階段。比如儒家認爲「身體髮膚受之父母，不敢毀傷，孝之始也」，而出家要剃除鬚髮；儒家認爲「不孝有三，無後爲大」，而出家要獨身禁欲。這些都被視爲是和孝道相左的行爲，使佛教受到排斥。但隨著了解的加深，佛教還是以其特有的智慧征服了國人。從南北朝到隋唐，尤其是宋元明清以來，很多文人士大夫，如謝靈運、王維、白居易、蘇東坡、王安石、柳宗元、劉禹錫等，既是儒者，積極入世爲官，同時也是虔誠的佛教徒。

他們之所以推崇佛教，一方面，是因爲佛教無所得、不執著等思想可以讓心安

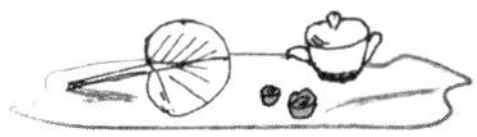

住，在世間和出世間中找到平衡。另一方面，佛教關於輪迴和心性的思想可以彌補中國文化的不足。

儒家關心現世，卻避談生命的歸宿，以「未知生，焉知死」不了了之。而佛教不僅關心今生，也關心生命的過去和未來。如果沒有輪迴的思想，我們對生命的認識是不完整的，是沒有長度的。此外，早期的儒家思想主要關注做人做事，直到宋明理學才開始重視心性，這一思想主要來自佛教。如果缺少關於心性的智慧，我們對生命的認識是沒有深度的。所以說，佛法讓我們對生命的認識有長度、有深度。

身爲當代的年輕人，怎樣在瞬息萬變的社會安身立命？離不開做人和做事的修養，但這恰恰是當今教育中缺乏的。現在的教育側重知識性和技能性，在這樣的導向下，學生讀書後多半就想著：將來找份什麼工作，做個什麼事業；很少考慮：應該怎麼做人？人生的意義是什麼？

如果在這方面缺乏思考，在人生一帆風順時，我們可能還感覺不錯；一旦遇到挫折，或面對生死問題時，往往一片茫然，不知如何應對。還有很多人年輕時忙於事業，無暇旁顧，可在退休後，因爲沒有精神生活，變得無所事事，空虛寂寞。怎麼才能過上充實而有意義的人生？特別需要學習傳統文化。

西方在科學、技術、管理等方面確實有長處，但儒家關於做人做事的教育，佛教關於生命眞相的思考，同樣值得我們深入學習。如果我們能立足於東方文化之上，再學習西方文化的技能，將兩者的長處結合起來，將受用無窮。

至於在不同年齡階段學什麼的說法，其實是對佛教的誤解。佛教並不是僅僅關注死亡的宗教，而是人生的大智慧。從大處說，可以引導我們明辨是非，建立正確的人生觀、世界觀、價值觀；從小處說，可以讓我們建立健康、環保的生活方式。從長遠說，可以幫我們樹立高尚的人生目標，成就佛菩薩那樣的生命特質；從眼前說，可以使我們安頓身心，而不是被社會潮流裹挾。

這樣的智慧，現在接受，現在就能受益。爲什麼要等到老年呢？

眞有因果嗎？誰在斷善惡？

問：我目前在讀研究所。一直以來有個問題困擾我：自古以來，人們就說「善惡自有報應」，但我從身邊看到的事實，包括很多新聞報導中所說的，未必是這樣。比如，有人收養被遺棄的孩子，結果卻活得貧困潦倒；而那些爲富不仁的人，卻能透過高明的手段或鑽法律的漏洞，逍遙法外。這就讓我對善惡及其果報產生疑問。請法師開示，佛教是如何看待善和惡的？對善惡的評判標準是天定的，還是應該由道德、法治來決定？如果善行惡行的結果今生不能得見的話，會不會影響世人對平等、公正的理解，從而使他們內心動蕩？

答：這個問題頗具代表性。現在人相信一世論，沒有三世因果的觀念。對佛教所說的「善有樂報，惡有苦報」，很多人會根據自己的所見所聞，覺得現實中未必如此，就像剛才舉的例子那樣。

爲什麼這些例子會對大家產生特別大的影響？其實正說明，人們對善惡自有報應還是有一份期待。我們會覺得，這人做了善事，一定要有好報；那人做了壞事，一定要受懲罰。當內心有了這份設定，再看到不符合設定的現象時，就會因爲心理落差而印象深刻。甚至誇大這些見聞，似乎一個反證就能推翻很多證據。平心而論，對眞正的好人，大家還是普遍認可並尊重的。反之，那些爲非作歹者會被大眾唾棄，也會受到應有的懲罰。雖然不能說百分之百，但生活中還是能看到很多。如果有相關的大數據統計，可能比我們的感覺更客觀。

佛法講因果，也講緣起。從因果來說，犯罪都要招感苦果，但並不是說，每個犯罪行爲都會在今生受到法律制裁。因爲從犯罪到法律制裁的過程中，要有緣來成就。必須有人知道他犯罪，找到犯罪證據，才能訴諸法律。如果一時沒被發現，可能會暫時逃脫制裁，但不等於永遠逃脫，所謂「法網恢恢，疏而不漏」。同樣，佛教所說的因果不限於這一生，而是連貫生命的過去、現在和未來。報應可能在來生，也可能是幾十、幾百乃至更多生。就像種子，從種下到結果會有或長或短的過程，未必能馬上看到苦果的顯現。

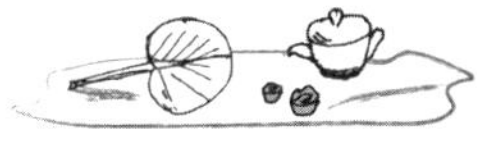

剛才的問題還說到：到底誰在決定因果？是不是有某種外在力量？其實，佛教講的因果是客觀規律，並不是由神靈或造物主決定的。這個因就來自我們的行爲，包括思想、語言、身體三種，又稱身語意三業。

那怎麼定義善惡呢？所謂善，就是沒有過失的健康心理，不會對自己構成傷害，也不會對別人構成傷害。所謂惡，就是有過失的不良心理，會對自己造成傷害，也會對別人造成傷害。這種傷害包括眼前的，也包括長遠的。

同時我們還要看到，每種行爲都會帶來內外兩種結果。我們行善時，就是在培養健康心理，張揚內心善的力量，使人性和生命品質得到提升。而我們行不善時，就是在培養不良心理，使心靈和人格墮落。這種內在結果，在每個行爲的當下就會產生，而不是像外在結果那樣，需要各種條件的和合。

單純說外在因果，因爲多數人看不到那麼遠，接受起來可能有一定困難，所以我現在更強調心靈因果。這個結果，只要我們去體會，在自己的內心就可以感受，可以檢驗。

什麼該放下，什麼該堅持？

問：我是研二的學生，了解佛教有一段時間了。佛教修的是放下，但家庭和學校的教育都告訴我們，做事要堅持不懈，不能半途而廢。經常困擾我的問題是：什麼時候可以放下，什麼時候應該堅持？

答：多數人對放下的觀念有誤解。其實，放下不是放棄，不是放任不管，而是放下內心對這件事的執著。

在做事過程中，的確需要堅持。如果這是一種有智慧的合理堅持，也是佛教鼓勵的。但有些時候，我們的堅持是片面甚至錯誤的，就會徒勞無功。所以堅持什麼很重要，必須是對自己和他人有益的事。

佛法修行中有個重要觀念叫「精進」，而且要披甲精進。就像將軍在戰場上面對千軍萬馬，能身披鎧甲，勇往直前。修行也是一樣，面對無始以來的迷惑、煩惱和種種外在誘惑，如果沒有披甲精進般的勇猛，是很難成就的。

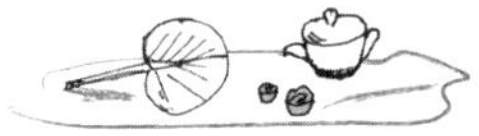

所以說，堅持不是問題。關鍵是在此過程中，不能執著這種堅持，否則就無法心平氣和地看待自己的行爲。你會有一份期待，會在乎「我已經做了多少努力，已經付出多少，應該會有什麼結果」。但佛法告訴我們，任何一件事的成敗都是眾多因緣決定的，努力只是其中一個因緣。如果我們對這份努力過於執著，事情反而不容易做好，而且會給自己帶來不必要的心理負擔。

佛教有句話說「因上努力，果上隨緣」。事情的成敗有其因緣因果，我們要了解它的規律，用最合理的方式去做。但實際上，做的結果可能還是不理想。這時候，我們首先要接納當下的結果；同時還要思考，爲什麼這個結果不完美？還需要做什麼努力？這樣就可以把結果變成因，在此基礎上繼續努力。如果方法正確，持續努力，總會不斷接近目標。

所以說，佛教所說的放下，並不是讓我們不去努力。只要是正當、積極、有意義的事，都應該努力去做。但不要執著這種努力，更不要執著於自己期待的結果，就會做得輕鬆自在。

世間追求和學佛不能兼容嗎？

問：我是一名大二學生，同齡的大學生正值青春年少，熱中於追求愛情和事業。透過這幾天對佛法的初步學習，了解到這些世俗追求會給生命帶來不良影響。請教法師，身爲初學佛的在家弟子，怎麼平衡兩者的關係？

答：佛教中有不同層面的修行，對我們當下的世俗生活，如追求愛情、事業等，也有不同的看法，並不是一味否定。

從人天乘的角度來說，是透過遵循五戒十善，使我們成爲身心健康、品行高尚的人。同時，佛法智慧還可以幫助我們建立和諧的人際關係。儒家強調倫理，以忠、孝、悌、忍、善，對應五倫的君臣、父子、兄弟、夫婦、朋友五種關係。而佛教的《善生經》中，則以六方來比喻親子、師生、夫妻、親友、主僕（僱主與僱工）、施主與宗教師六種關係，闡明彼此應盡的責任，爲我們如何處理這些關係提供行爲準則。

至於對事業的追求，佛教提倡正命。一個人要在世間事業有成，需要技能和正當的謀生手段，符合法律和戒律的雙重標準。如果觸犯法律、違背戒律，就是不健康的謀生手段，又稱邪命，是必須禁止的。佛教還告訴我們，成功離不開福報。這就要有愛心，廣結善緣，使更多人認可並接納自己。在網路時代，很多人已經認識到，人脈就是錢脈。這個道理是同樣的。

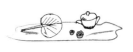

所以在佛教人天乘的層面，學佛和工作、生活非但沒有衝突，還可以引導我們靈活掌握工作，生活得更健康，與人相處更有智慧。

在解脫道的層面，是偏向出世修行。只有生起出離心，放棄對世俗、物欲的占有，斷除貪瞋癡，勤修戒定慧，才能成就解脫。在這個層面，學佛和工作生活確實會有一定的矛盾，難以兼顧。但眞正走上這條道路的人，本身已經做出選擇，知道什麼對自己更重要，所以也不存在矛盾。

而進入菩薩道的層面，又把出世和入世統一起來。學佛的最終目的是成佛，這就要發菩提心，學做菩薩，要入世度化眾生。對菩薩道的修行來說，可以有正常的家庭、事業，但擁有這些不是爲了滿足個人欲望，而是爲了利益大眾，造福社會。因爲菩薩已經認識到這些都是虛幻的，只是爲了隨順眾生，爲了更加落實六度四攝，所以在積極入世的同時，又能保有出世的超然。一方面有慈悲心，另一方面有空性慧，在世間生活，又不黏著其中，時時保持無所得的心。當然，這需要很高的修行境界。

總之，佛教並不否定世俗追求，關鍵在於你用什麼樣的心、什麼樣的方式去追求。

看到名利虛幻後，日子該怎麼過？

問：身爲年輕人，我們從小就被教育要追求功名利祿。讀書是爲了考個好大學，就業是爲了找份好工作，好像這就是活著的意義和價值。當我踏入社會後，發現所謂的名利、地位都是虛幻的，不能給自己帶來眞正的快樂，也不能實現生命的價值。請法師開示，生命最終的價值在哪裡？我應該如何去實現？

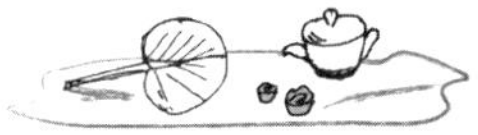

答：生活在這個世間，想讀個好大學，再有個好工作、組個好家庭、做份好事業，都屬於正常需求。如果能看透這些事物的虛幻和短暫，說明你很有慧根。但看透之後怎麼辦？不看透，可能還過得歡天喜地的；至少沒碰到什麼問題時，感覺還過得去，反正大家都是那麼過的。現在看破了，還沒碰到問題就覺得沒意思了，好像更麻煩。所以我們眞的能放下世俗追求時，還要進一步建立人生目標，從現實問題提升到對終極問題的思考。有破，還要有立。

生命的意義到底是什麼？儒家有三不朽的人生，即立德、立功、立言。事實上，立功和立言也是虛幻的。而佛教立足於生命的過去、現在、未來，告訴我們，生命的意義來自內在特質的完善，而不是成就外在的什麼。佛法認爲，每個生命都蘊含覺醒的潛能。開啓這一智慧，解決自己的迷惑煩惱，進而以慈悲心造福眾生，幫助更多人解決迷惑煩惱，就是生命的最高價值。

當我們有了這樣的追求，再來看當下的求學、工作、生活，雖然在做著同樣的事，但因爲認識不一樣，發心不一樣，賦予的內涵不一樣，內心的成長和收穫也完全不同。所以關鍵是提高認識，帶著這份高度和願景生活，那麼你以任何身分在任何崗位，都能自利利他，都能實現生命的最終價值。

被他人的衝突所困擾，如何面對？

問：由於我自身的生活環境，對社會有一點恐懼之心。特別是在公眾場合看到激烈爭吵或身體衝突時，我就會想：他們爲什麼發生這種衝突和矛盾？我以後會不會遇到這種情況？遇到了怎麼辦？……感覺思緒全都停留在那個瞬間和狀態中，不知怎麼解決。請法師開示，當我們面對種種社會現象，應該保持什麼樣的心態？

答：今天的社會瞬息萬變，如果我們帶著某種設定去看，眞是看不懂也跟不上。這就必須跳出設定。從佛法的角度來說，要學會用緣起的眼光看世界。每個人會說什麼，做什麼，有什麼樣的興趣愛好，有過去生的累積，也是今生教育和生活環境影響的結果。

我們不理解他人會有這些行爲，往往是因爲活在自己的設定中。如果我們去了解

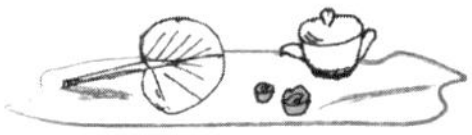

對方的成長經歷，對他就會有更多的理解。佛法告訴我們，要放下自我設定，客觀看待一切人一切事。看到社會的問題，看到他人的衝突和爭鬥，一方面可以幫助我們了解，以迷惑、煩惱爲基礎的生命是痛苦的，如果我們不解脫，不走向覺醒，遲早會面對同樣的問題；一方面要生起深深的慈悲心，發願幫助他們走出不健康的生命狀態。

因爲了解，所以慈悲。能夠如理思維的話，一切現象都可以成爲修行的增上緣，而不是帶來恐懼和煩惱。

我很怕死啊，怎麼破？

問：現在天災人禍這麼多，雖然我還很年輕，卻很怕死，有時會怕得睡不著，這該怎麼辦？

答：在今天這個時代，各種天災人禍、交通事故頻頻發生。媒體鋪天蓋地的報導，更讓我們不斷看到生命的脆弱。過去的人只知道身邊親友的死訊，數量畢竟有限。

而現在，我們隨時可以看到發生在世界各地的災難，知道每分每秒都有人因爲各種原因失去生命，所以不少人都有這種死亡焦慮，不知道厄運什麼時候降臨到自己頭上。

另一種情況是，很多人從來沒考慮死亡。因爲這是現行教育中的空白，而且中國人本來就有避談死亡的習俗，所以我們在學校和家庭中都得不到關於死亡的正面教育。結果在死亡眞的到來時，多數人都沒有做好心理準備，不知如何面對，甚至不願接納，結果就在自己的無奈中，在親人的痛哭中，在醫院的搶救中，被迫走向死亡。這樣的人生結局可謂悲慘，難怪古人把「好死」列爲五福之一。

事實上，死亡是生命的一部分。有人說，哲學就是讓人學習死亡。這也是各種宗教關心的重要內容，佛教也不例外。但佛教認爲，生命是生生不已的；死亡只是這期生命的結束，同時也是未來生命的開始。從這個角度說，人其實是可以不死的。所以死亡本身並不可怕，關鍵是怎麼死？死了之後到哪裡去？這才是我們要關心的。

在某種意義上，佛教的所有修行都在幫助我們了解死亡眞相，學習如何面對死亡：從被動受死到主動接納，從不能自主到來去自如。這樣一種學習，可以從當下的人生開始。如果我們現在做得了主，死亡時也做得了主。古代很多高僧大德可以坐脫立亡，生死自在，就是最好的例證。所以，學佛是可以有效解決死亡焦慮的。

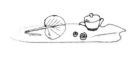

明知是「空」的，爲啥空不了？

問：佛法中經常說到空性，說一切都是空的。如果這樣的話，約束人的種種清規戒律，其存在意義是什麼？另一個問題是，今天聽了很多道理，但在現實生活中，煩惱和恐懼到來時，就算知道用道理開導自己，但煩惱和恐懼還是存在，怎麼解決？

答：常人理解的空，是什麼都沒有，這叫「頑空」，並不是佛教所說的空性。正相反，這恰恰是佛教所批判的。佛教中，空和有是不二的。比如這張桌子，它是有的，也是空的。所謂有，是我們看到的桌子的顯現，這些條件和關係是存在的。那爲什麼說它是空的？因爲桌子沒有固定不變的自性，離開組成桌子的元素，並沒有獨立存在的桌子。

佛教說的空，是無自性空。所謂自性，即可以不依賴條件自己存在，而且是恆常不變的。桌子中有沒有這個東西？顯然沒有，所以說它是空的。但我們把木頭、油漆、鐵釘這些條件組合起來，構成桌子的存在，在這個意義上，桌子又是有的，是爲空有不二。

佛法雖然講空，但不否定緣起的現象和因果。比如我們這個生命體的存在是假我，不是眞我。但假我的感受是存在的，不吃飯會餓，肚子痛會不舒服，心情不好會寢食難安，幹了壞事照樣要坐牢，不能因爲本質是空的，就可以不照顧身體，不遵守法律。佛教的清規戒律，就是幫助我們養成健康、清淨的生活方式，有助我們好好修行。過去有句話說「借假修眞」，藉著假的相，來完成智慧的修行，解脫的修行。所以戒律不僅有存在的必要，而且不可或缺。

至於我們聽了很多道理後，爲什麼在現實中用不上？關鍵在於，我們知道到什麼程度，有沒有落實爲自己的觀念。我們的思維方式是長期形成的，早已根深柢固，成爲習慣。現在聽到的佛法正見，對我們來說，只是一個新的知識，是空洞的觀念，程度非常有限，沒辦法眞正在內心產生作用。

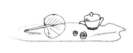

我們雖然已經知道空啊、虛幻啊，甚至也表示認同，但面對問題時，還是會用上固有的觀念，而不是剛學到的知識。因爲原有觀念已經成爲生命系統的一部分，遇到對境就會自動開啓。要讓現在所學的法義產生作用，我們還需要反覆思考、理解、接受，把知識變成自己的觀念，替代原有的錯誤認識。進一步，還要在運用中深化認識，最終才能任運自如。

安得雙全法，義工、學業兩不誤？

問：我是一名工科的研究生，平時課程比較繁重，研究計畫任務也比較多，但我喜歡參加義工活動，也會盡力爭取機會，難免耽誤學業。有時候，我很難平衡做義工和學業之間的關係。請法師開示，大學生應該怎樣做慈善，怎樣平衡與學業的關係，實現自己的人生價值？

答：看得出你很善良，很有愛心。我們現在有學習階段的任務，未來走向社會之後，還會有工作、家庭等世俗責任，不見得比現在更有時間。而世間任何事都是做不完的，包括慈善和義工行，你有多少想法，有多少願望，就會有多少事，這就會和學業、工作發生衝突。

平衡兩者的關係，永遠是個問題。那該怎麼解決呢？

首先，要保障學業的投入。其次，關鍵在於怎麼安排。現在的人往往不能有效利用時間，爲什麼？因爲沒能力管理自己，沒能力管理心念，結果把大量時間用來刷手機、打妄想，用在無謂的玩樂和應酬中。

怎麼才能管理時間？就要學會對內心的管理，建立規律的生活。根據自己的實際情況，確定每天該做什麼，有多少時間學習課業，多少時間服務社會，並讓這種安排形成習慣。有了計畫，就不容易在做的過程中顧此失彼。

其實，做慈善並不是單純的付出，因爲我們有愛心、利他心，會得到更多人的認可，使學業和工作變得順利，甚至事半功倍。我們還要知道，慈善不僅在於做義工，也不僅表現在行爲上，更重要的是培養愛心。在生活中，對自己接觸到的所有人，都能本著慈悲心對待，包括一個關懷、一個微笑、一種鼓勵，都可以給人信心，讓人歡喜，這些都屬於慈善行爲。所以說，當我們有了愛心之後，隨時隨地都可以做慈善、做公益，時間還會不夠嗎？

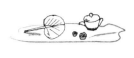

助人時，如何讓自己笑到最後？

問：如何才能在幫助他人的同時，讓自己也保持快樂？

答：這個問題很有代表性。不少人天生就有一份愛心，願意幫助別人，在佛教來說，是具有菩薩種性。這種助人多半是出於天性，憑著感覺做，沒什麼理論支持，也很少反思自己的心行，結果往往會在做的過程中帶來煩惱。

因爲凡夫都有我執，即使出於天性的助人，也難免有設定，有期待。一旦結果與設定不合，就會糾結痛苦。我曾在復旦大學舉辦的「讓愛心更有力量」論壇上，爲來自全國的公益人講《慈善，慈悲心的修行》。爲什麼要說這個內容？因爲眞正的慈善，既要讓別人快樂，也能讓自己快樂，是需要大智慧的。

首先是緣起的智慧，充分了解生命的差別，站在對方的立場思考，而不是按自己的設定做慈善。其次是在助人過程中保有慈悲心和利他心，尊重對方，而不是居高臨下地作秀。第三是有善巧方便，知道怎麼做才更能幫助對方。事實上，並不是我們去做慈善，就能眞正幫助他人，有時還可能縱容了對方的劣根性，帶來負面作用。

所以說，我們一方面要有純正的利他心，一方面還要了解生命的差別，善巧行事，而不是一廂情願地做些什麼。如果我們具備這些智慧，既能讓別人得到幫助，自己也會做得很開心。因爲你在付出愛，這本身是一種滋養身心的正能量，當下就能讓自己受益。

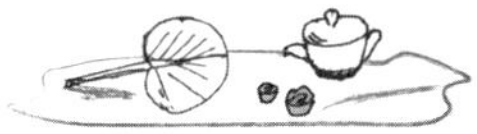

爲什麼三級修學能契合不同根機？

問：我現在是研究生，身邊很多同齡人對佛法感興趣，但每個人的因緣不同，根性有別。我很好奇，在佛教的萬千法門中，怎樣找到適合自己的？我也知道菩提書院的三級修學辦得十分成功，這個方式怎樣契合每個人的差異性，怎樣解決千差萬別的個性和對境？

答：現代人學習佛法很不容易。資訊的高度發達，使我們有因緣接觸不同語系的佛教，包括南傳、藏傳、漢傳的各種經論和法門。但這種方便也帶來了問題，使很多人的修行變得很零碎。這裡聽聽，那裡學學，誦個經，念個咒，打個坐，既不知道做這些的眞正意義是什麼，也不知道怎麼將這些修行匯歸菩提道。沒有完整的體系和次第，非但不容易從中受益，還會產生各種問題。事實上，這正是今天多數學佛人的現狀。

如何幫助世人有效修學？在幾十年的弘法過程中，我一直在思考和探索這個問題。佛法雖然有很多經論，有八萬四千法門，但都是指向同一個中心，就是引領我們從迷惑走向覺醒。就像參天大樹，雖有千枝萬葉，但樹幹只有一個。

我們現有的生命處在迷惑中，看不清自己，看不清世界，從而產生種種錯誤認識。帶著這些錯誤認識去生活，就會製造無盡煩惱。但佛法告訴我們，每個人內心還有覺醒的潛能，有自救的能力。學佛，就是幫助我們認識並開發這種能力。

這種開發並不簡單，而是一項生命改造工程，需要有系統、有次第、有方法、有氛圍，這四點不可或缺。系統，是知道從起點到終點的完整路線應該怎麼走，而不是只走其中一段；次第，是知道第一步做什麼，第二步做什麼，由淺入深，順序不能顚倒；方法，是讓修學切實有效，眞正落實到心行；氛圍，是有一群夥伴和自己攜手前行。尤其在今天，整個社會充滿誘惑，所有人都推著你走向貪瞋癡，所以同修的支持顯得格外重要。三級修學和兩套模式，正是具有以上特點、爲現代人量身定做的修學體系。

同時，三級修學是建立在佛法的核心要義之上。佛教雖然經論眾多，但萬變不離

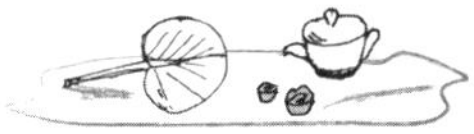

其宗，核心無非是皈依、發心、戒律、正見、止觀五大要素。我們的課程安排正是繞著五大要素展開，如果抓住要領，由下至上次第修學，學佛就不會那麼難。就像崎嶇的山道，既難走，又容易迷路，但如果鋪好臺階，一步步拾級而上，終有到達的那一天。

從另一個角度說，凡夫心雖然千差萬別，但也有共同性，那就是貪瞋癡。如果立足於解除貪瞋癡，走出迷惑，走向覺醒，這一點其實是共同的。

這就是三級修學能接引不同根機的原因所在。一是針對當代學人的現狀而施設，二是立足於佛法核心要素，三是從凡夫心的共同之處解決問題。

主持人：感恩這位同學的提問，我就是三級修學的學員，還有大家在靜修營活動中看到穿著小黃衫的義工們，都是三級修學的學員。我們用自己的經歷告訴大家：這條路我們走得很快樂。同時，也感恩法師的開示，給了我們很大的信心，讓我們找到解脫的方向。

限於時間關係，「青春十問」即將結束。此刻，蟬鳴再次響起。在整個錄製過程中，我們幾乎沒有感覺到蟬鳴的聒噪，只感覺到習習的涼風。在這三伏天，法師的開示讓我們體會到酷暑中的清涼，希望年輕朋友們有更多機會親近善知識。人生還在繼續，青春的發問不會停止，希望我們未來能不斷得到佛法的滋潤，在善知識引領下，走向生命的圓滿。

5

傳統文化的傳承與傳播

—— 二〇一七年與北京大學耕讀社對話

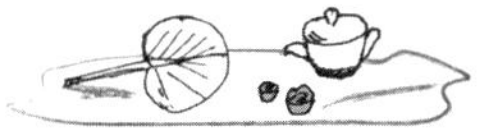

社會大學與佛教大學有何關係？

耕讀社：現代的大學教育，其實起源於基督教的人才養成系統。包括學士、碩士、博士，都是基督教系統中的學位。所以宗教本身就有深厚的教育傳統，佛教也是一樣。我們在西園寺也體會到這一教學的系統化。那麼從修學制度來看，社會大學和佛教大學的關係與差別是什麼？怎樣建立更好的互動？

濟群法師：現代的大學教育，對傳播知識、普及文化起了很大作用。佛教界雖然有自身的教育傳統，但目前的佛學院教育是民國年間才開始創辦的，引進社會的辦學方式，對普及佛教知識也是有好處的。

但現代教育偏向知識和技能的傳授，缺乏做人的教育、生命的教育。尤其是中國社會，在這方面更是薄弱。從佛學院的系統來說，儘管從教學內容上，有很多關於人性、人生的知識，但還是停留在書本和觀念上。這些教育對佛教界的人才培養，對出家人的信仰建立、僧格養成、禪修實踐、弘法布教、管理能力等方面，還是有很大的距離。這些問題應該是社會大學和佛教院校普遍存在的，也就是說，人們常說的高分低能（編按：指學業成績優異，但是其他各項能力很弱，尤其是情緒控制方面）、能說不能行等等。

今年世界哲學大會提出的口號是「學以成人」，可見做人的重要性。人不是生來就會做人的，我們有的只是本能和習氣，必須透過教育，才能養成健康的人格。以往的教育，不論是儒家、佛教都很強調做人。儒家從倫理綱常，到「為天地立心，為生民立命，為往聖繼絕學，為萬世開太平」，都是關於做人的教育。一個人不僅要培養個人德行，還要承擔社會責任。

我曾和湖南大學嶽麓書院國學研究院院長朱漢民有過關於「立心和立命」的對話。關於這個問題，從儒家的價值觀來說，就是成為有德君子，進而成聖成賢，造福社會。這是從做人到做事，從個人到大眾。佛法中，與此對應的內容是「自覺覺他，自利利他」，對怎麼做人有更深刻的智慧。

儒家所說的做人，主要是一些道德要求，缺少關於緣起和心性的認識。對於怎麼

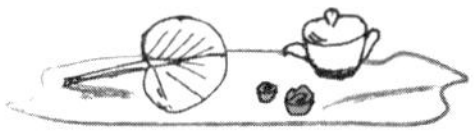

改造生命這個產品，儒家的道德建立並不是很有說服力，容易流於空洞。佛教修行是爲了生命的提升和完善，從凡夫到成就聖賢特質，建立人間淨土，從理論到實踐有一套完整的方法。這套方法是從自身的利益出發，而不是他人的要求。這樣的教育，我想是未來社會發展特別需要的。自十六世紀以來，西方文明大體是偏向對外在世界的認識和改造。隨著文明的飛速發展，人類的自我迷失反而越來越深。可以說，世間所有問題都和這種失衡有關，而這一切問題的根源就在於人、在於心。

如何幫助大家眞正認識並改善自我、培養健康的心態和人格，是未來中國乃至世界的重要課題。從這個意義上說，傳統文化尤其是佛教文化大有作爲，任重道遠。

怎樣看待儒釋道之間的關係？

耕讀社：在中國傳統文化中，儒釋道形成了豐富、和諧的互補結構。至於如何理解儒家、道家和佛家的關係？很多大德的說法並不一樣。明代禪宗憨山大師是把儒釋道放到互補的位置，覺得儒家必不可少。比如在中國古代去應試，就必須學儒家。但有些大德認爲，儒家只是一種獨特的社會文化，其實佛教不是特別需要這個東西。我聽宗薩蔣揚欽哲仁波切講的，就認爲中國儒家有很多問題。我想知道，法師怎麼看待儒家和佛家的關係？儒家最高的修養是成聖，這在佛教中是什麼位置？

濟群法師：佛教傳入中國後，在魏晉南北朝時期經歷了和儒家傳統發生衝突的階段。如沙門不敬王者，就和中國以帝王爲尊的傳統相左，出家剃度則和不孝有三無後爲大、身體髮膚受之父母等觀念不符。到了隋唐時朝，佛教走向鼎盛，和儒家、道家一起，共同成爲中國文化的主流。

此後，儒家和佛教出現融合的傾向。比如宋明理學看到自身的不足，也看到佛教的長處，就將佛教的心性之學納入儒家思想中，形成理學和心學。但他們又反過來批判佛教，覺得佛教偏向出世。這可能是因爲他們接觸的是禪宗，不知道大乘

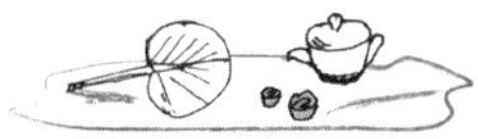

的菩提心教法。

從佛教角度來說，歷代高僧大德，如宋朝的契嵩禪師，明末的高僧蕅益、憨山、蓮池等，也對儒釋道做了一些融合。他們主要是站在佛教的高度來解讀四書五經，把儒家思想拔高，自然就能和佛教相融。這其中實有不得已的原因。在傳統的中國社會，儒家是大眾的基礎教育，善巧融合，一方面可以減少對立，一方面可以幫助學人提升，讓他們自然地接受佛法信仰。

但在現代社會，有沒有必要融合呢？有些法師提倡由儒入佛，覺得要以《弟子規》做爲學佛的基礎。我覺得大可不必。因爲儒家並不是當前通行的大眾教育，對沒有儒家教育背景的人來說，直接學佛更容易接受。

因爲佛法是在對緣起因果來探討生命眞相之上，建立道德規範。而儒家文化源於宗法制度，是依據親情和血緣建立社會關係和倫理綱常，有很大的局限性。比如儒家文化是以家爲本，過去周天子會給親戚、孩子封侯，把天下當作一個大家。然後是百姓的小家，三代同堂，母慈子孝。

這樣的道德體系，在古代確實有一定價值，但現在從社會到家庭關係都變了，不再有三綱五常、君君臣臣父父子子之類，大家接受起來就會有難度。當然，儒家「仁義禮智信，溫良恭儉讓」等道德準則，主要是針對自身修養，還是有現實價值的。

怎麼讓這些道德具有說服力，讓大家願意接受？支撐道德的基礎就很重要。如果單純出於政治需要，或是依親情血緣建立的倫理，是沒有太大說服力的。很多人會覺得：道德是社會的需要、家庭的需要，不是我個人的需要。當整個社會不看重道德，沒有相應約束時，我爲什麼要遵循道德？不是吃虧嗎？

但從宗教的角度來看，就不是這樣了。比如從基督教來說，不遵守道德就不能升天堂，甚至要下地獄。你只要相信神，就會自覺遵守道德。從佛教來說，則是從生命的因緣因果，從人性、人格的塑造，提供遵循道德的心理基礎。你要有幸福的人生、健康的人格，就要遵循道德。接受這個觀點，出於對自己負責也好，對社會負責也好，你都會自覺去做。

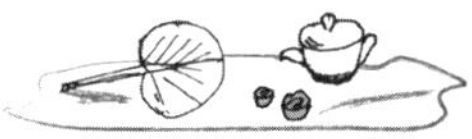

所以，我們要認識到儒家思想的局限性。當然，現在政府很重視儒家文化，所以我們還是要做一些融合的工作，從儒家的道德教條之上，再以佛法智慧去提升。事實上，儒家和佛家還是有共同目標的。

我和朱漢民院長討論前也在想，我們要找到共同的目標，那就是做人和造福社會。建設大同社會也好，人間淨土也好，這點是共同的。儒家有這個目標，佛教也要建立這個目標。單純靠儒家文化和道德，是很難實現這個目標的。佛教立足於緣起的智慧，對生命和世界有著透徹、深刻的認識，有系統性的修身修心、改造世界的方法。在這個意義上，是可以融合兩種文化的。

如何讓傳統文化發揚光大？

耕讀社：法師說得很直接，我們之中有研究儒家和道家的同學覺得受到挑戰，但也深受啓發。這五年來，耕讀社一直採取儒釋道綜合的立場，這樣才能在世俗社會上和學校裡發展生存得更好。

我們發現有些東西，比如中國人對家鄉、親戚、朋友，還是有種身心上的情愫，不是理論上而是在血液中的。我們在北京舉辦夏令營，以儒道傳統文化爲核心，兼及佛教，有各地佛學社團來參加。我們也想建立各地方的社群，讓營隊隊員們回到家鄉再辦這樣的夏令營。他們都是老鄉，與地方會有一種連結感。法師是福安人，我們有師姐在那邊辦了一個營，她身爲前輩，回學校給他們講講塡寫志願及大學生活該怎麼過之類，是類似親情的模式。既有師兄師姐這種情誼，又有地方的認同感。尤其是在福建，地方認同感特別強。我們感覺到，如果能深入理解中國人的那種情感，那種家文化、地方文化，其實是很有效果的。

我們發現，中國社會還是被這些東西凝聚起來的。如果能做到這點，讓大家感受到相互的情感，對思想傳播是非常有幫助的。這是社團的實踐，儒家不僅是理論性的道德要求，而是日常生活的感受。對中國人來說，只要激起一種家的感覺，很多東西都會變得非常親切。

濟群法師：這樣的文化環境，需要透過相關教育去營造，需要有一個氛圍。但整體來

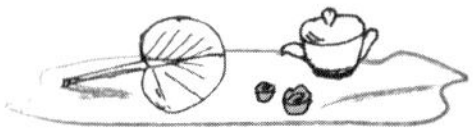

說，現代社會中這種氛圍越來越淡。過去很多家庭可以三代同堂，四代同堂，現在兩個人都搞不到一起去。現在的離婚率這麼高，十對新人結婚可能有三四對過不下去。即使還在一起，真正過得和諧的也不多。

其實現代人很孤獨。人與人之間的關係，包括家庭、親友的關係，越來越脆弱。很多家族企業中，只要一面對利益時，親情就顯得不堪一擊。所以，想要單純立足於儒家文化，把家的倫理、情義、氛圍建立起來，其實有很大難度。

如果在儒家基礎上，再有佛法的人生智慧，會讓你在人際關係中，超越自私心理，有更多的愛。遇到每一件事情時，能跳出自我的感覺，站在對方的角度思考問題。人與人的關係，才能從根本上得到改變和調整。

如果有佛教因緣因果的世界觀，再來建立儒家的倫理道德，會更有說服力。事實上，儒家的倫理道德偏於要求，缺少雄厚的哲學基礎，就會使這些道德信條缺乏力量。在過去的社會中，有教育的傳承、人格的榜樣、社會的監督，你做得不好，會受到大眾譴責。所以這種道德在一定意義上是有作用的。

但現代社會的價值取向已經完全改變，一味以事業大小、財富多少、物質條件當作評判成功的標準。整個社會崇尚的是財富，是娛樂；不像過去的社會，崇尚的是聖賢，是智慧，是道德。可以說，中國已經從道德社會，轉向功利社會。在這種背景下要建立道德，難度會更大。

耕讀社：儒家也有「反求諸己」之類的。在這樣的關係中，永遠要突破自我的固有立場。我想它不僅是一種道德要求，也是一種智慧。孔子還是非常有智慧的，雖然他可能不究竟。我們社團有很多研究儒家哲學的，希望對各種關係做哲學的反思，在這個意義上建立起人生方向。

濟群法師：我們現在講到道德，它能不能推廣？有沒有力量？主要和道德建立的基礎有關。不僅是道德自身的合理與否，更在於它有什麼樣的基礎。前面講到幾種基礎。一般宗教是拿神震懾，你不奉行就要受到懲罰。只要你對神有信仰，這個約束對你就有作用，反之則無用。佛教則是立足於對人性的認識，從生命的因緣因果之上建立道德的價值。

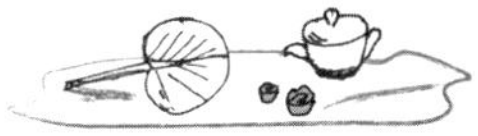

而儒家就是你要做一個好人，要成爲有德君子，人生才有價值，這樣的人才會受到大家的尊重和追隨。但如果沒有輪迴的觀念，以現今的價值觀來看，哪怕成爲聖賢，只要是生活清貧，也不屑做這樣的人。所以很多人會反問：我爲什麼要做好人？做君子有什麼好處？在這個環節就卡住了，沒有說服力。此外，儒家對如何修心、如何成爲聖賢方面，談到的相對也比較簡單，所以宋明理學做了很多彌補的工作。

人生究竟該追求什麼？

主持人：社長你是不是想跟師父探討，人乘和天乘在佛教中也有相應的價值，或者說存在意義。按憨山大師的分類，是把儒家歸爲人乘，把道家歸爲天乘。

耕讀社：佛家也有人乘，是吧？

濟群法師：其實我並不是要否定儒家的價值。只是根據自己所了解的，覺得儒家在傳播過程中存在的局限和困境，可以用佛法智慧彌補和完善。

主持人：我早上又看了您在騰訊的講稿（「佛教的道德觀」）。我覺得您剛才講的，其實是認爲儒家在「人爲什麼要成爲好人」這方面交待得不夠。儒家雖有君子和小人之別，並沒有講君子和小人對無限的生命來說有什麼相應的影響和結果。

濟群法師：沒有輪迴的觀念，很多東西的價值會大打折扣。比如，我要成爲聖賢，但「人死如燈滅」的話，這個聖賢的價值只有幾十年，那我幹麼要千辛萬苦成爲聖賢？它缺少終極的價值導向。所有信仰要解決的，主要是終極價值，是實現生命的永久意義。如果人生只是幾十年，死了什麼都沒了，很多人會覺得，我只要當下過得開心就好，何必這麼辛苦？再過一萬年，誰知道這世上誰是好人、誰是壞人？即使是一萬年，在宇宙中也是轉瞬即逝。

所以，佛教傳入中國，恰恰彌補了儒家的不足。湖南人極書院開幕時，我講了「佛教在中國傳統文化中的重要性」，提出「輪迴說」和「心性論」是對中國文化的重要補充。

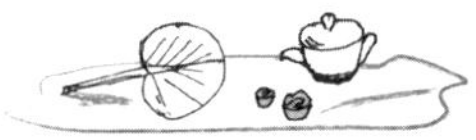

入門典籍以何爲宜？

耕讀社：如果我們想從這個角度讀一些佛家的原典和著作，您覺得什麼是適合同學們的入門書籍？

濟群法師：你們可以直接讀佛經，讀一些普遍流傳的，也是文化界公認的經典，如《心經》《金剛經》《維摩詰經》《六祖壇經》。問題是你們讀這些經的時候，能理解到什麼程度？能不能用得起來？雖然各位都是北京大學學生，有一定的文化素養，但畢竟人生閱歷較淺，沒有經歷太多世事，直接去讀原典，未必能讀懂其中內涵。

如果讀我的東西可能會比較省力，包括和周國平老師對話的《我們誤解了這個世界》，還有幾套小叢書，每一本都是從佛教角度來解讀現實問題，看了馬上能知道，對這個問題應該怎麼認識，怎麼解決，效果立竿見影。如果要靠自己透過學習從佛法中獲取智慧，再來解決這個問題，恐怕會比較難。

主持人：對你們這樣的博士，我推薦讀法師講的《百法明門論》。你們有一定的觀照能力，讀了這部對的心學論述，也許會直接開啓對自己的認識。

耕讀社：以前大陸只有佛教界比較關注經，近年來各種人都開始關注論。法師覺得哪些論典是比較基礎的，也是比較重要的？

濟群法師：在三級修學系統中，我們選擇了這幾部論：第一部是《菩提道次第略論》，主要提供大家對修行理路和要領的認識。如果你要走上菩提道，這條路的基本理路是什麼？包括道前基礎、下士道、中士道、上士道，讀了對這些重要內容有清晰的認識。

第二部是學《百法明門論》。很多人會把這部論當作名相來學，其實《百法》是解脫心理學，貫穿著輪迴和解脫的心理。佛法修學的核心，無非是輪迴和解脫。我們講到輪迴，往往把它當作具體現象；講到解脫，則會把它當作某種境界和場所。好像是從這個世界到另一個世界，或是得到什麼結果。事實上，輪迴和解脫最重要的在於心理而非其他。解脫不是一個點，而是一條路。《百法》所提供

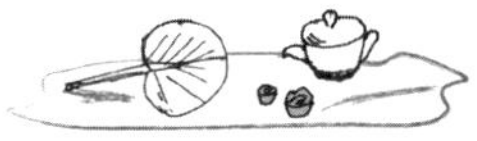

的，就是解脫這條路到底怎麼走，要遵循什麼樣的心理過程。

我們所有的學習，學《道次第》也好，學《心經》《金剛經》也好，這些經論能不能對你產生作用，關鍵在於你能不能透過學習來樹立正見，完成正念、禪定、智慧等一連串心理建設。如果你不能完成和解脫相應的心理建設，弱化並消除輪迴的心理，學再多也只是知識而已，意義不是很大。透過《百法》的學習，是幫助學員了解，導向輪迴的心理有哪些，如何擺脫？走向解脫的心理有哪些，如何成就？未來的修學中，我們會根據《百法》建立人格成長模型，學員可依此考量自身心行、輪迴心理的弱化和解脫心理的成長。

第三部是《入菩薩行論》，這部論眞是非常好。雖然在《道次第》的上士道中，也是以發菩提心爲重點，但一般人要透過學習《道次第》發起菩提心，還是有難度的，而學《入行論》則會更相關。《入行論》是以菩提心爲核心，建設大乘菩薩道的完整修行，從菩提心的重要性，到營造發菩提心的環境，到如何生起菩提心、長養菩提心、圓滿菩提心，整個理路非常有說服力。這部論我重點講過，共一百二十講。

發菩提心之後，要行菩薩行，所以第四部是《瑜伽菩薩戒》，學習當菩薩的行爲標準。在此過程中，我們會授菩提心戒。學了《瑜伽菩薩戒》之後，我們就會授菩薩戒。菩提心戒是我們特有的內容，已經傳授多年。

以上是同修班階段的學習內容，到同德班還會學幾部論典。

第一部是《辯中邊論》，內容包括菩薩行到空性見，並把三乘佛法融攝在一起。在突出大乘殊勝的同時，照顧到聲聞乘教法的特點。比如「修對治品」有三十七道品，最後是「辯無上乘品」，突出大乘菩薩道恢弘、廣大的特質。第二部是《唯識三十論》，主要是學唯識的見地和修行，做空性禪修。

前面基本上是菩提心、菩薩行的內容，接著還要從世俗菩提心進入勝義菩提心。透過《辯中邊論》和《三十論》的學習，獲得唯識正見，依此做空性禪修。然後還有《心經》《金剛經》《六祖壇經》，是依中觀、禪宗的見地禪修。學習唯識正見，是幫助我們更加了解、認識和世界的關係，以及修行過程中的各種現象、心

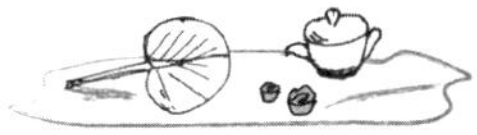

理差別；中觀則相對直接，禪宗更是直指核心。

這些經論我都講過。雖然有不同的見地，但我講的大致是統一的，只是從不同的重點切入。你們想學得有效，需要有次第性、完整性，還要有正確的方法，有相互促進的氛圍。否則的話，今天這裡看看，明天那裡看看，就像逛商場一樣，這家店走走，那家店看看，最後只得到一些支離破碎的印象。

怎樣才能把書讀進去？

耕讀社：耕讀社每年都會辦夏令營，全國各地的社團都會過來，也是想一起探索。每個社團都有讀書會，讀的主要是四書、三玄（編按：指《老子》《莊子》《周易》三部書）。讀書會有人做得好，有的一般。

濟群法師：三級修學中也有各種讀書會，我們叫千手千眼，有「小小讀書會」「水邊林下」「半日閒」「萬家燈火」等，探討怎麼於家庭讀書，怎麼於企業讀書，怎麼於藝術界讀書。這些主要是讀我著述的小叢書，很接地氣。

我們將來可以做一些交流和合作。比如我們這些讀書會，未來也可以納入一些儒家的內容，適當弱化佛教的色彩，如果讀我們這些書，在認識上形成一定的見地和人生思考後，再去讀那些儒家書籍，就會運用得更好。

上次和朱漢民院長的對話，我開始就提出做人做事，就是完善人格和建設理想社會。朝著這個目標，實現這個價值，我們需要立心立命。先提出一個高度，再來講道德建設以及建設基礎。一步一步，讓大家在學習中形成體系。如果沒有高度，今天讀這個書，明天讀那個書，沒有主幹把它貫穿起來。

首先要認識到，我讀這些書爲了什麼？答案是培養高尚的人格。那爲什麼要培養高尚人格？只有認同並確立這種價值，才會知道要實現這樣的價值，應該怎麼做？儒家提出哪些做法，存在什麼不足？佛家提出哪些做法，有什麼長處可以拿去補充？這麼做，就讓道德不再孤單，而有一個落點。

耕讀社：開始就要共建長遠的目標。

濟群法師：比如從聖賢來說，可能有人覺得當聖賢也沒什麼好，一輩子那麼短，幹麼

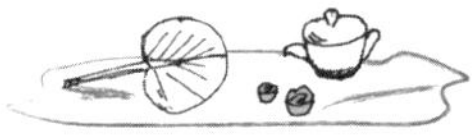

要費勁當聖賢？但佛教可以從輪迴的角度，爲成聖成賢提供永恆的價值。這樣在不知不覺中就把它融合起來。儒家的「仁義禮智信」，仁是慈悲，義是道德，爲什麼要建立慈悲和道德？透過因緣因果，每一種都可以和佛教思想相融合，那就不一樣了。就像我講的那篇「佛教的道德觀」，也融合了一些儒家的思想，更重要的是有佛教的高度。

主持人：法師文章有個特別好的地方，就是語言特別簡約，是所有人都能看懂的；同時結構嚴謹，內容豐富，而且會兼顧一個哲學博士的思考維度，也兼顧一般人的閱讀習慣和理解能力，這是一般導師做不到的。

耕讀社：我們做讀書會最大的問題是：如果一個文本太難，大家可能進不去；如果文本不夠深沉，大家可能就說一些自己的體會，又太隨意。所以說，怎麼能把文本讀透，又不讓大家覺得失去了鮮活性、自主性，這點一直沒處理好。

濟群法師：我們在講座中，要讓下面幾百或上千個聽眾老老實實地坐著聽，也面臨同樣的問題。現在的人這麼浮躁，尤其是還沒走入佛門的，可能是第一次聽相關講座，他覺得聽不懂就跑了；或是覺得和自己沒關係，不感興趣，就玩手機了。怎麼才能攝受他們？

第一是所講內容一定要讓他們聽懂；第二是和他們有關係；第三是對他們有用。這三點很重要，讀書也是同樣。除非你關起門來做研究，如果要走向大眾，一定要具備這三個特點。我出版的這些書都是對一個個問題的思考，演講之後再整理出來，所以它很鮮活，不是像寫論文那樣。

嘉賓：我的心理學指導教授和我一起去深圳，聽法師講佛法心理學。按理來說，十二因緣純粹是法義，說輪迴和解脫，很難讓人覺得這和我的生命有什麼關係。但法師可以從心理學的角度講，心理學以什麼爲起點，佛法以什麼爲起點。我的導師已經教了十五年心理學，是帶領博士生的指導教授，也是心理師，但她竟然解決不了自己哥哥的精神疾病。她聽到法師說，佛法心理學是以無我爲基礎的，世間心理學是建立在我的基礎上，就豁然開朗了。法師特別善於尋找它們的差別在哪裡，可以融通的地方在哪裡。

但這個老師的煩惱並沒有解決，因爲她做過那麼多年心理師，可沒辦法解決自己哥哥的精神問題，這給她造成很大的困擾。法師聽了，第一句就對她說：不管他的病怎樣，這些事不要構成你的煩惱。老師立刻感覺到，法師已經洞察到她內心的煩惱，立刻就如釋重負了：她身爲妹妹，雖然是心理師，雖然是心理學指導教授，並不一定必須把哥哥的病治好。她突然就明白，自己已經盡了力，不必在結果上執著。我覺得法師這種觀機和對治，是佛法中特有的。法師和我的老師說話時，本身也像是禪宗的教法。

耕讀社：最後還想請教一個問題。我們的社團啓動了一個計畫，爲一些高中生和國中生捐書。因爲我們回到地方上去辦夏令營，發現學子的閱讀面非常窄。主要就是教材內容，還有玄幻、言情之類的網路文學。希望透過一些書，喚醒年輕學子對眞善美的感覺。請教法師，什麼樣的內容，比較適合國中生和高中生？

濟群法師：對傳統文化的學習，如果僅僅捐一些書，作用不會很大。現在這個時代資訊太多，很多人已經不習慣讀書了。除非你營造一個讀書的氛圍，同時讀的這些

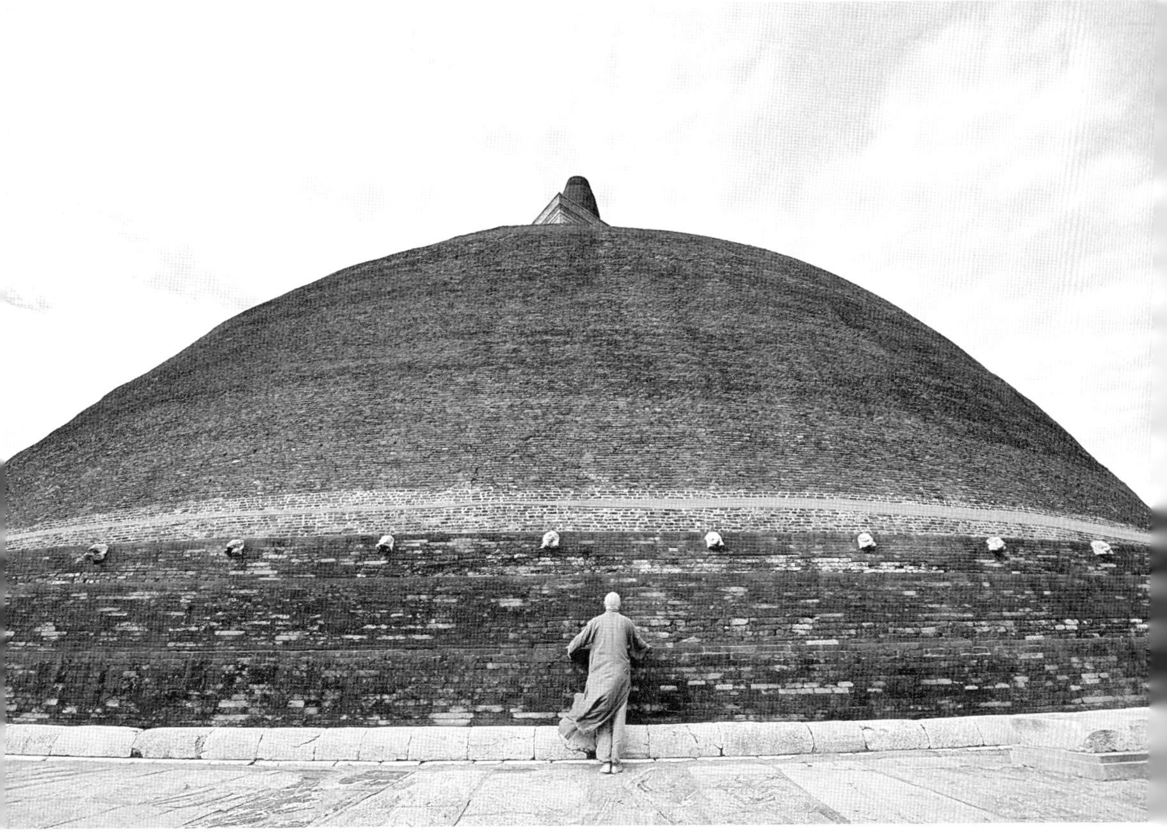

書對大家有一定的吸引力，那才可能有效果。否則你光捐一些書，想讓他讀一些做人的道理，不一定有人會讀。所以你要有善巧，要製造氛圍。比如現在商業的新零售講究無人貨場，像阿里巴巴的盒馬鮮生就是營造一個場，激起起你的購買欲。

現在的人幾乎是活在感覺和習慣中，而不是在理性的選擇中。有時他並不是特別想學某個東西，但各方面感覺好，他可能就選擇去學了。然後你可以培養他的習慣，一旦習慣養成，他自然就會繼續學下去了。如果像傳統的那樣捐幾本書，很可能擺在圖書館躺著。

現在吸引人的東西太多，圖書館的書也很多，對年輕人來說，「讀聖賢書」不是那麼有吸引力。耕讀社可以借鑑一些三級修學的做法，選擇有次第的學習內容，再輔以方法和氛圍。比如在各地選一些代表組成學習班，學了之後再去傳遞內容，影響更多的人。學的內容也要有一定力量，如果不能讓人在短時間內受益，就會難以爲繼。

這幾年大專院校也有很多禪學會之類的組織，但通常就是四處參學，今天這裡走走，明天那裡走走，會員流動性很大。雖然去了不少寺院，這裡聽點開示，那裡聽點開示，最後只是形成一點感覺，或是混個關係，眞正能從佛法上受益的人很少。

廈門大學管理學院做了一個禪學俱樂部，我給他們指出三個層面：第一是結緣性，我們每年開一些講座，適當的時候帶大家到西園寺來，或是去某座山朝拜。這只是結緣，就像我到各處講座，就是結個法緣。現在人每天那麼忙，接收的訊息那麼多，這點東西很快就淹沒掉了。第二是基礎性，就像建個水池來蓄水，否則下過雨後水很快就沒了。讀書會就是這個水池。透過一場結緣活動，有很多新會員進來，可以讓他們定期參加讀書會，一旁有義工陪伴他們學習。一段時間後，有人想進一步提升，就進入第三步，參加三級修學。

總之，需要設立相應的次第，可以一步步提升，不管是學習一星期、一個月還是一年，總有目標讓你去追。透過這樣的學習、提升之後，這些人反過來會成爲義

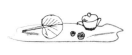

工，參與做結緣，護持讀書會，形成良性的自動循環系統。一般社團現在多半停留在第一步和第二步，沒有第三步，這樣就會後勁不足。

耕讀社： 關於這些讀書會，我想大家也許可以現場學習一下。

濟群法師： 我們這裡有定期活動。比如過幾天要舉辦一個「玄奘心路」，是針對重走玄奘路的戈友（編按：指徒步行走戈壁的夥伴）。他們都是企業家，會在每年五月從瓜州啓程，體驗玄奘當年走過的路。去年有五十六所商學院參加，包括北京大學光華管理學院、北京清華大學、中歐國際工商學院、中國人民大學、復旦大學、臺灣大學、香港大學等。

我現在給他們什麼樣的倡導呢？他們已經走過地理上的玄奘之路。但要知道，玄奘眞正重要的是在精神，所以接下來要走玄奘心路，就是到這裡來體驗。否則走得時間長了，就變成比賽一樣地爭冠軍，奪名次，已經嚴重背離玄奘的精神。總之，如果從我們這裡吸收一些長處，對你們會有好處。

耕讀社： 我聽說過西園寺讀書會的生命力。我們有個師姐在福建，她媽媽從來不讀書，卻參加這邊的讀書會。我發現西園寺辦的各個讀書會都充滿生命力。

濟群法師：很多人進入三級修學後，都說學生時代念書都沒那麼認眞學過。

嘉賓：我自己就是在三級修學開啓個人的成長，尤其是做輔導員。那種統籌全局的能力，後來在我做書和雜誌的整體企劃、做計畫的時候都用得上。能力的開發非常重要，還有做事的善巧方便也是。每個人的個體差異很大，發心、認知水準、生活狀況、情感特質也都不同，你要用很多方式去和他相處。

濟群法師：三級修學主要是輸出一些課程和模式。只要想學的人，包括不同的團隊，我們都願意提供幫助。你還是屬於你的團體，與我們沒有任何隸屬關係。比如你是耕讀社，或是某個寺院，我們就輸出模式，幫助你把讀書會做起來，告訴你怎麼做。

我們探索這套模式，主要是爲佛教界和社會團體提供服務，讓傳統文化能更有效地傳承。現在這個時代，已經不能採用私塾式的傳統教育方式，那個作用很有限。我們既要達到私塾的效果，又要有現代的傳播威力，兩者要統一起來。傳統

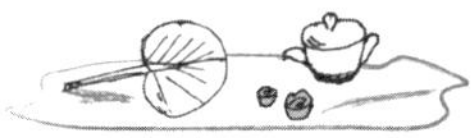

私塾有它的優勢，但是量不大。現代連鎖平台量很大，但有時效果卻不盡人意。現在一些大企業要做好，必須先把標準化做好，才能既做大，又保證成果。

耕讀社：我們深受啓發，回去討論一下。

生態問題說明了什麼問題？

嘉賓：法師如何看現代這些問題，包括生態問題等。從佛教角度說，以什麼途徑解決具體的生態問題。之前看過《和諧拯救危機》的系列影片，也提供一個新的角度。生態問題也反映出現在人都向外尋求，忽視了內心世界。

反過來說，人類需要什麼樣的環境？現在很多公園、廣場感覺很熱鬧，有做各種健身運動、跳廣場舞的。我覺得這個氛圍非常好，能讓人靜下來參與其中，就不會天天想著往外跑，去爬這個山那個山，或是去改造自然。

我突然感覺，園林的意義真的挺重要。我們老是批判園林，覺得把那些假山搬過來居住環境中，有點浪費人工成本。其實從更大的角度講，人在假山、園林中，會覺得身心舒暢，就不想往外拓展自然了。

我想請問法師，從佛教的角度講，人需要什麼樣的環境，以及想要做出這樣的環境，應該怎麼做？

濟群法師：我講過《佛教的環保思想》，主要是從正確認識人與自然的關係，到如何改變生活方式，再到人應該過一種簡樸自然、少欲知足的生活。我也講過《心靈環保》，不僅要重視生態環保，更要重視心靈環保。

現在的環境確實是大問題。社會這幾十年的發展，一切都以經濟建設爲中心，這個導向帶來的問題已經非常突出了。現代人雖然有豐富的物質條件，但很多人過得不幸福，主要還是因爲心理問題。包括整個大環境，讓人身心不安。

我們應該營造什麼樣的環境，才是比較健康的？從建築來說，要考慮從身安到心安，從環境到心境。你剛才講到園林，這也是傳統文化的結晶。但園林在過去是屬於很奢侈的消費方式，不是屬於一般大眾的。當然現在很多園林都對外開放了，大家可以去參觀，但人不可能都住在園林中。而且參觀的人太多，往往只能

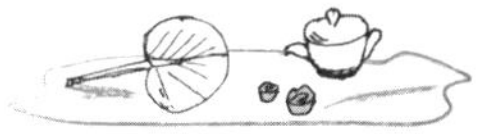

走馬觀花地看一下，不能安安靜靜地享受園林之美。

我個人覺得，園林的文化氣息太濃，由文化產生的訊息、符號、能量太強，自然純度不足。我還是比較喜歡自然一點的環境。西園寺雖然也有園林，但主體是寺院，有一點園林的符號，但不密集，不會構成壓迫感，整體還是很放鬆的。這片區域是根據我的理念改造的，原來是一片倉庫，我看到後就想著要如何發揮它的作用。現在很流行老房子改造，北京的「七九八藝術區」等地都改造得很有味道。老房子有種歲月沉澱後的古樸和安靜，是新房子不具備的。

但改造也不能一窩風地跟。首先要明確功能，清楚這個地方要用來做什麼。其次是體現自然、安靜、空靈的風格。第三是重視舒適性。很多寺院建築往往舒適性不足，採光不好，陰冷潮濕。現代人習慣享受，沒有一定舒適性，一般人是待不住的。最後還要有品味，簡單而不簡陋，同時避免世俗化，把握好各種尺度，才能呈現出「無我、無相、無限、出世、寂靜、超然」的美。這樣的空間，只要是來的人幾乎都很喜歡。

嘉賓：這樣一講，果然覺得園林的文化氣息太重了，不夠自然。

濟群法師：這種文人氣息本身也蘊含著文人的一種思想，一種氣場，就不是那麼空靈，符號太多，意識形態太多。

嘉賓：法師特別強調空所呈現的智慧。如果我們的心還不能打開，他就讓我們多看看天空。所以這裡的室內設計，空間非常寬敞，沒有太多一定要做出的意象。

濟群法師：這主要是我們的學員中有一個做室內設計的，具備這方面的素養。我和他溝通過了，他有能力去表現。如果沒有專業人員，想法再好也是白搭。包括我們的環境，也是這麼看著做的。哪裡需要怎麼樣，隨時可以調整。

6
西園夜話

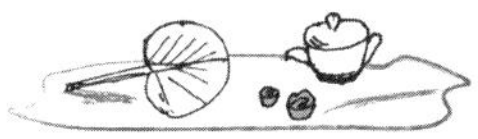

從二〇一四年開始，西園寺於每年國慶黃金週都會舉辦一場爲期五天的「菩提靜修營」，有來自中國各地的信眾數百人參加，「西園夜話」是每次靜修營的一個精采篇章。參加幾天的活動下來，靜修營的隊員們有心得也有疑惑，都可以在這裡分享、提問。本篇內容，便是集濟群法師每次解答問題整理而成。

走入佛門

善用理性但不當作唯一標準

問：我還沒皈依，因爲理性無法讓我完全接受個別法義，覺得貿然皈依是一種不誠實。但我也存在困惑和煩惱，希望有種力量讓我解脫，感覺很矛盾。

答：不論是生活還是學佛，理性思考都很重要，但要善用理性，否則就會帶來麻煩。動物吃飽喝足就沒問題了，但人在滿足生存所需後還會妄念紛飛，煩惱重重，而且一旦壞起來也是動物望塵莫及的。這都是理性惹的禍。

如何善用理性？必須接受智慧文化，對人生和世界有正確認識。如果三觀有問題，在此指引下的理性思考必然存在問題，結果會害己害人。此外，理性無法直接抵達眞理，西方哲學家也已認識到這點。所以我們不要成爲偏執的理性主義，以理性當做認識世界的唯一標準，什麼問題都希望透過理性得到解釋和解決。尤其對佛法信仰來說，雖然理性是聞思修的重要基礎，但最終必須超越理性，才能通達眞相，所謂言語道斷，心行處滅。否則還是意識層面的認識，是不究竟的。我們不妨先接受理性可以接受的部分，但保持開放的心態，不以現有認識排斥其他。隨著學習的深入，認識也會隨之提高。

解脫的本身就是意義

問：學佛最終只是讓自己和眾生解脫嗎？一個人病了，治好後就要過自己的生活。那麼解脫後不必追求更有意義的事嗎？

答：什麼是更有意義的事？不僅學佛是爲了解脫，世人忙來忙去，也是爲了解脫。掙

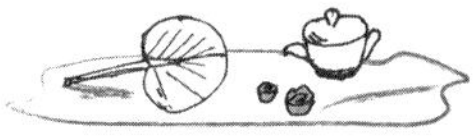

錢是爲了從貧困中解脫，成家是爲了從單身狀態解脫。佛教所說的解脫，是解脫輪迴，解脫生死，是最究竟的解脫。

僅僅從現象說，人們會覺得青春、愛情、財富、事業都值得追求，如果解脫了，這些夢想怎麼實現？其實我們眞正要解脫的是輪迴本質，是內心的迷惑和煩惱。迷惑，是看不清生命眞相，不知道我是誰，不知道生從何來，死往何去，不知道活著爲什麼，不知道命運是怎麼回事；煩惱，是孤獨、恐懼、焦躁、沒有安全感等種種負面情緒。一旦解脫惑業，不論做什麼，也不論在什麼時空，我們都能自由自在。所以說，解脫和做什麼並不矛盾，當然立足點完全不同。

佛陀之所以得大自在，正是因爲解脫惑業，開啓無限的慈悲和智慧。尤其是大乘佛法，不僅要自己解脫，還要幫助眾生共同解脫。所以解脫不僅是解決問題的過程，本身就是生命的意義所在，沒什麼比這更大的意義了。

學佛該從學儒開始嗎？

問：身為佛弟子，學習儒家典籍是否犯三皈依？現在有人提倡把《弟子規》當作學佛基礎，怎麼看待這個現象？

答：學習四書五經等世間知識不算犯戒，但不可將此當作皈依處，否則就違背了三皈依中「皈依法，終不皈依外道典籍」的誓言。

儒釋道的相融古已有之。儒家是中國本土文化，其內容為人熟知，所以古德（編按：有德高僧）在弘法時，有時會借用儒家思想來解讀，以此為人們認識佛法的方便。那今天的人是否也需要這樣呢？我覺得未必。因為時代變了，很多人並沒有儒家文化的基礎，直接學習佛典可能更容易。

事實上，儒學和佛法並沒有必然關係。雖然儒家的倫理綱常對建立世間道德很重要，但佛法本身也有完善的人倫道德，是建立在緣起因果的基礎上，有強大的哲學體系為背景，更具說服力。所以學佛不一定要以儒家道德為基礎，不一定先

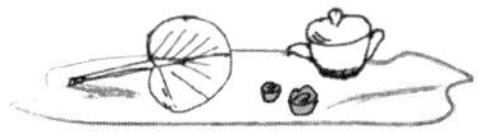

學《弟子規》再學三皈依。當然，你在學三皈依的過程中，學學《弟子規》也無妨，但不要形成必然的關係。

博採衆長需要高度

問：我敬仰佛教，但覺得儒家和道家也很有道理。沒皈依的人能否將佛法視爲頂層建築，同時以儒家、道家的思想爲工具，指導自己爲人處世，成就理想人生？

答：當我們有了佛法見地後，一切法都可以成爲佛法。佛法見地代表對人生的認識高度。站在這樣的高度，可以吸收儒家、道家，還有西方哲學的長處。雖然他們的理論來自理性思考，缺乏實修體證，沒能究竟通達心性，但也代表古今中外智者的智慧，對很多人是有啓發和借鑑作用的。但要注意的是，這些理論是基於不同的思想體系，如果沒有很強的吸收能力，看多了就容易消化不良，甚至覺得彼此矛盾，無所適從，所以自己的定位和認識高度很重要。此外，人的精力很有限，應該集中精力深入一門，以後眞的有餘力了，可以再廣泛涉獵。如果開始就把戰線拉得很長，恐怕力有未逮。

信仰是自由的

問：我家是信天主教的，原也自認是天主教徒，但沒參加正式儀式，也沒有聖名。我現在皈依了，內心有點惴惴不安，如何排解這種感覺？

答：信仰是自由的，可以選擇什麼，也可以不選擇什麼。在成長過程中，隨著眼界的開闊，我們的認識也在提高。如果覺得佛法智慧更究竟而做出新的選擇，這很正常。更何況你只是因爲家庭原因，默認自己是天主教徒，並不是主動選擇，這種默認本身就沒什麼約束力。即使是自己的選擇，也可以改變。在佛教戒律中，出家後如果不想再過修行生活，還是可以正常還俗的，所以不必有什麼不安。關鍵是你要確實認識到佛法的殊勝，認識到這種智慧可以解決人生困惑，認識到佛法僧三寶可以當作盡未來際的依止，而不只是憑著某種感覺皈依，那就容易患得患失。

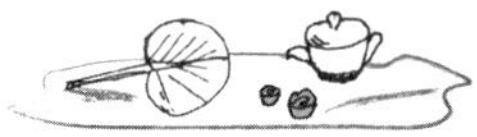

帶著問題來選擇

問：我之前在美國留學十年，接觸基督教的時間較多。回國後在母親引導下，看了濟群法師的《百法明門論》系列講座。現在母親每天給我發佛教經典，阿姨給我發基督教的《聖經》。我深知腳踏兩條船是錯的，但不知如何選擇，非常困惑。

答：如果一方面學著佛法，一方面看著基督教教義，卻分不清哪種道理更有價值，更能說服自己，說明你還沒有能力判斷，佛法到底好在哪裡。在這樣的情況下，兩種學習可能對你都重要，只好繼續學。學到哪一天，你確定什麼更究竟，才能做出選擇。但也可能，時間一天天過去，你卻在「選擇困難症」中陷得越來越深，越來越難以選擇。所以還是要有方法，確定自己的訴求是什麼，需要解決的是什麼。然後帶著問題考量，哪種教義對自己更有幫助，對生命和世界的解讀更圓滿。

信佛後能否去其他宗教場所

問：我是回族，應該信伊斯蘭教，但佛緣較深，非常認可佛法智慧，所以皈依了。但因為民族身分，有時需要去清眞寺參加活動，會不會有衝突？另一個問題是，佛教這麼好，但總的來說現在眞正皈依的人很少，這是為什麼？

答：從信仰層面來說，一個人不可以同時皈依多種宗教。如果你皈依三寶，選擇佛教，就意味著放棄對伊斯蘭教或其他宗教的信仰。同樣，如果你選擇其他信仰，就意味著放棄了佛弟子的身分。信仰是人生歸宿，就好比你要去兩個地方，目標不同，道路不同，無法既去這裡，又去那裡。但如果你只是去清眞寺參加民族的民俗活動，屬於生活層面的，問題應該不大。

至於第二個問題，現在是一個信仰缺失的時代，原因很多，和文化大革命的十年浩劫有關，和長期以來的教育有關，也和佛教界的弘法薄弱有關。現在政府開始重視傳統文化，建設精神文明。我們也在不斷探索，希望找到契合當代的傳播方

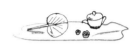

式。我們面對的是整個社會，這需要大家共同努力。

想出家該怎麼做？

問：出家需要什麼機緣？入了寺院就能出家嗎？

答：從自身來說，要對出家有正確認識。出家不僅是身分的改變，關鍵是內在的改變；不僅是出世俗家，更是出五蘊家，出生死家，出輪迴家。這就必須認識到世俗生活的虛幻，學佛修行的意義，以追求解脫、走向覺醒爲唯一目標。這種發心才是出家的正因。從戒律來說，出家前要把世間各種責任處理好，以免出家後受到干擾，或是給僧團帶來各種問題。從寺院角度來說，也要對發心出家者做半年以上的考核，覺得你是眞心修行，而且能適應並遵守道場的生活規範，才會安排剃度。其中，信心道念是最重要的，這是能否過好出家生活的保障。

憶念三寶

喚醒自性佛

問：我們的本師是釋迦牟尼佛，此外還有十方三世一切諸佛，爲什麼學佛人見面招呼時只說「阿彌陀佛」？其中有什麼寓意？

答：這主要和淨土宗的盛行有關。淨土法門的修行信願行爲資糧，即深信彌陀願力，發願往生西方，至誠稱念彌陀名號，若能一心不亂，臨終時就能蒙佛接引。對很多信眾來說，這是一種容易聽懂、接受並付諸實踐的法門，歷來就有廣泛的信仰基礎。只要是中國人，不論是否信佛，多少聽說過「阿彌陀佛」和「西方極樂世界」，可見其流傳之盛。相對於其他淨土，阿彌陀佛以四十八大願創造的清淨佛國更容易「移民」，所以這也是釋迦牟尼佛爲娑婆眾生介紹的理想去處。

稱念「阿彌陀佛」的修行意義還在於，提醒我們憶念佛菩薩的功德，念茲在茲，見賢思齊。「阿彌陀佛」意爲無量光、無量壽，象徵無量的慈悲和智慧。我們稱

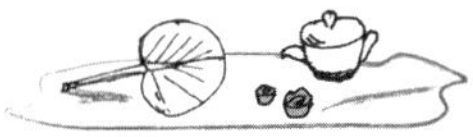

念佛號，不僅要憶念西方的阿彌陀佛，更要喚醒自性彌陀，內在覺性。這樣的信仰更直接，也更有深度。

如何讓念佛得力

問：我以前修念佛法門，參加三級修學後感覺不錯，希望以前的道友一起來學，他們說只要信願行，就可以由彌陀願力往生極樂，是這樣嗎？

答：念阿彌陀佛的人很多，但念得相應的並不多。怎麼念才能得其助力？淨土宗的修行看似簡單，抱定一句佛號即可，但你能不能對極樂世界生起眞切信心？願生西方的願有多強烈？事實上，要把這句佛號念得有力量，必須有相應的見地，而不只是簡單念著。所以天臺、華嚴、禪宗的祖師在念佛時，會把本宗見地帶入這一修行，所謂「教宗天臺，行歸淨土」。如果見地不能提高，雖然嘴上在念佛，但生活中依然帶著錯誤觀念處理問題，製造煩惱。當這一修行不能用來對治現前煩惱，能解決生死大事嗎？

三級修學的目的，是爲大家提供有次第的完整引導。現在很多人修行，不論念佛也好，參禪也好，只是把它當作一個點，以爲做好這點就可以。其實這個點能產生作用，是來自修行體系的共同發力。就像火箭之所以能上天，是需要發射基地和發射系統的。有了三級修學的基礎，明確修行理路，今後不論修什麼法門，都很容易得其助力。

憶佛念佛，能不能見佛

問：〈大勢至菩薩念佛圓通章〉說：「憶佛念佛，現前當來，必定見佛，去佛不遠。」《阿彌陀經》也說，如果持名念佛，一心不亂，「其人臨命終時，阿彌陀佛與諸聖眾現在其前。」但佛陀在《金剛經》中又說：「若以色見我，以音聲求我，是人行邪道，不能見如來。」念佛就是以音聲向佛祈求，最後見到佛，爲什麼《金剛經》又說不能見呢？

答：這是因爲不同法門，在修行的不同階段，會有不同的定位。《圓通章》和《彌陀

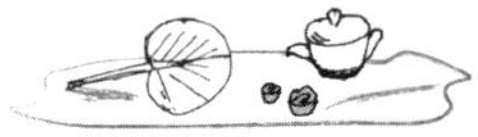

經》所見的是報身佛（編按：指佛的福報因緣之果身），透過憶佛念佛，見到彌陀前來接引。而《金剛經》所說的是法身佛（編按：指佛的寂靜不滅之身），見到的是空性，所以「若見諸相非相，即見如來」。空性是無相的，必須超越對相的執著，才能見到如來。這些經典所說的佛是不一樣的，並不矛盾。

佛有壽命嗎？

問：《地藏經》說：「彼佛壽命，四百千萬億阿僧祇劫。」佛不是永恆的狀態嗎？爲什麼還有壽命呢？

答：佛有三種身，即法身、報身、應化身。法身是無相的，以空性爲身，所以不生不滅；報身是由佛陀的智慧和功德所成；化身是隨眾生需要，在不同時空示現的身相。比如釋迦牟尼佛兩千五百多年前來到娑婆世界，在藍毗尼降生，然後出家、成道、弘法，世壽八十歲時在拘尸那城娑羅雙樹林入滅。這是應化身的示現，隨著眾生的業緣和福報，示現時間有長有短。所以不生不滅和有生有滅並不矛盾，只是從不同層面而言。

觀修是為了強化信心

問：我念三皈依時，皈依佛會想到佛陀，皈依法會想到《金剛經》《心經》等佛典，皈依僧會觀想法師，請問您念到皈依僧時，想的是誰？

答：念誦三皈依，在修行的不同階段，見地不同，觀修也有所不同。開始念誦時，應該讓心專注地投入念誦名號並保持這一狀態，聲聲入耳，而不是在各種觀修對象中來回切換。當心較爲穩定後，才有能力在安住修的階段進一步深入觀修。比如以佛陀名號爲所緣，或以佛像爲所緣，也可以直接認識無所得的心。但這沒有可比較的，每個人可以根據自己的實際情況去選擇，只要能體現三寶的內涵，能使我們強化對三寶的信心即可。在當下的修行階段，什麼觀修起來清晰、穩定，就觀修什麼。

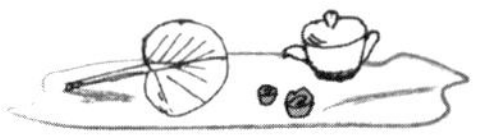

以戒爲師

沒有誰管誰的管理

問：世間團體是以利益維繫的，但書院是純公益組織，大家都是義工，您是怎麼管理的？有什麼善巧方便？

答：書院是傳承佛教文化、傳播佛法智慧的平台，重點是施設一套課程，建立模式化、標準化的修學方式。這也符合佛教傳統的管理方式。釋迦牟尼入滅時，沒有找誰當僧團領袖，而是告誡弟子們「以法爲師，以戒爲師」。法就是佛法智慧和修行理路，戒則是個人行爲規範和僧團管理規則。這種管理不是誰管誰，而是共同生活需要遵守的原則。不論是四個人的團體，還是四百人的團體，在戒律中人人都是平等的。所以僧團之間是扁平化的，不是集權制，也沒有上下級。關於修行、生活、共住的所有問題，戒律中有一套羯磨作法（編按：指生善滅惡的做法），大家就按這個規範執行。每個出家人進入僧團後都要學戒，了解每件事的規則和處理模式，同時遵循六和精神（編按：追求菩薩道的修行者在團體生活中遵循的六種生活規範）。書院也是一樣，我們不是在做一個團體，而是讓大家在這個平台共同修學。當他們於法受益後，就會繼續幫助他人修學，因爲利他是提升自己的最佳途徑。所以我們需要的不是行政管理，而是建立一套規範，幫助大家盡快走上正軌。

遊戲中的殺是犯戒嗎？

問：有人說，網路遊戲中的殺人行爲也是犯了殺戒，要墮入地獄，是這樣嗎？

答：兩者是不一樣的，但玩這種遊戲顯然是不利於身心健康的。遊戲雖然不等於實際殺人，但會增長殺心，成爲未來造下殺業的因。比如在遊戲中殺人成了習慣，可能在生活中也覺得這不是什麼大事，不計後果地做了。事實上，確實有青少年由於沉迷遊戲，結果在生活中犯罪。所以不論在什麼情況下，也不論面對什麼對象，都不應該讓自己起殺心，動殺念。至於是否犯戒，是有相關標準的。比如殺

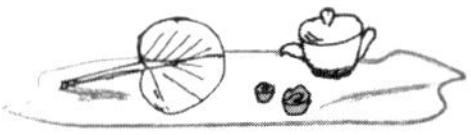

生，必須是以惡心故意殺害有情，也確實讓對方喪命了。從這點來說，網路遊戲中的殺人不能算是犯了殺戒。

以殺生救度衆生的前提

問：如果現在發生戰爭，身爲已經受了五戒的人，可以參戰嗎？佛教中有沒有以這種方式教化眾生？

答：佛教有聲聞戒和菩薩戒，聲聞戒是絕對禁止殺生的，不論在什麼情況下，只要殺了就是犯戒。但在菩薩戒中，如果遇到特殊情況，對此是有開緣（編按：即開戒卻不犯戒）的。比如菩薩看到歹徒要殺死很多人，想到他會因此造下重大罪業，墮入惡道，寧願自己承擔殺他的果報。這麼做既是對被害者的慈悲，也是對歹徒的慈悲，不讓他因爲殺人而墮落。所以菩薩的發心和俠客是截然不同的。俠客是嫉惡如仇，除暴安良，而菩薩是對雙方平等慈悲，是本著「我不入地獄，誰入地獄」的犧牲精神行事。只要有絲毫瞋恨心，就沒資格開殺戒。戰爭的情況也是一樣，如果你確實本著廣大的慈悲，希望侵略者少造殺業，同時也避免更多人受害，是可以有所擔當的。

做股票犯盜戒嗎？

問：我已經受了五戒，如果從事股票、基金之類金融市場的操作，會不會犯偷盜戒？

答：做股票之類，只要在合法理財的範疇中規矩操作，是道德和法律允許的，談不上犯戒。不過同樣是做股票，有投資式和投機式的。如果是投資式的，就是集中大家的力量一起做事，可以相互增上，共同受益，應該算是自利利他的好事。但如果是投機式的，多少會夾雜欺騙行爲，甚至讓他人受到傷害，那是不如法的。身爲學佛者，應該避免這樣的心態和行爲。

不妄語的界定

問：我對不妄語沒有把握。比如以前朋友問我關於人生的問題，我會按自己的見解

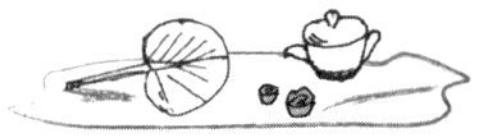

說。但現在會想：自己還是凡夫，所說是否有益於他？如果說得不那麼完善，是妄語嗎？

答：如果這樣來理解不妄語，很多時候就無法說話了。不妄語，是你明知這個東西是黑的，卻把它說成白的；明知這件事是錯的，卻把它說成對的，純粹是顛倒黑白，混淆是非。而這麼做的目的，是爲了得到對方的利益，或是看對方不爽，刻意欺騙他。

至於分享自己對人生和世界的理解，不論是對是錯，或是不那麼完善，確實是你當下的想法，就不屬於妄語的範疇。當然，身爲學佛之人確實應該謹言慎行。首先要本著利他心說，其次不要爲逞口舌之快而說。一行禪師對不妄語是這樣解讀的：「明瞭語言可以創造幸福或製造痛苦，我發誓學習講實語，講能夠激發人的自信、給人帶來快樂和希望的話。我決心不傳播不確定的消息、不批評或譴責我沒有把握的事情，避免講會導致分裂或不和的話，或會導致家庭、團體破裂的話。」不僅告訴我們不說什麼，還告訴我們該說什麼，是很好的修行提醒。

怎麼面對不如法的現象

問：我和師兄們交流時，偶爾會說到其他法師和寺院的問題，會不會有謗僧之過？

答：在今天這個末法時代，從社會到教界都有很多問題，這和眾生的共業有關。怎麼看待這些問題？以個人信仰來說，雖然皈依僧是皈依一切僧眾，但佛陀告訴我們，要親近善知識，依止善知識修學。至於不如法的現象，在我們沒能力改變時，遠離即可，不必多說什麼，更不要在背後議論。因爲僧團內部的問題，你很難知曉全部情況，也不了解出家戒律，只是憑自己的觀感判斷，可能會有偏差。妄加議論的話，不僅於事無補，對自己也沒好處，往往是自尋煩惱，還可能影響他人對三寶的信心。但如果確定對方是以此謀生的假僧尼，從護持佛法的角度來說，這種現象會讓人斷送慧命，給佛教帶來不良影響，可以透過一些正當管道加以糾正，這麼做也是有意義的。所以關鍵是看具體情況，看自己有能力做什麼。

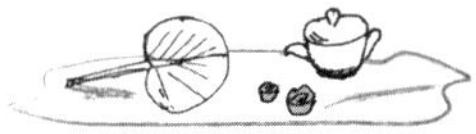

罪業也是緣起法

問：我之前墮過胎，學佛後很後悔，也為此超度過，但內心還是忐忑，懺悔有用嗎？

答：人非聖賢，孰能無過。在無盡輪迴中，我們因為貪瞋癡造下種種罪業，學佛後認識到往昔行為的錯誤，就不會一如既往地繼續犯錯，使不善業日益增長。所以調整觀念特別重要，這是不再犯錯的保障。你既然已經認識到錯誤，本身就是進步，但也不必過於糾結。心理負擔本身不是正向情緒，對生活、修行以及解決問題沒有幫助。

對於已經造下的惡業，可以透過懺悔、超度來對治。《瑜伽師地論》中說到四力懺悔，即能破壞現行的拔除力、能對治現行的對治力、能遮止罪惡的防護力、依止三寶而獲得的依止力，都可以淨治罪障。從佛法角度說，罪業也是緣起法，既然可以積累，同樣可以消除。關鍵是從今往後具足正見，斷惡修善。

菩提路上

策勵精進的善因緣

問：人生走到現在，對佛法所說的苦、空、無常有充分體會。我參加三級修學半年，每次分享都淚流滿面，深知唯有佛法能救自己。我也發心承擔義工行，給生活做減法，留出更多時間學法，但即使這樣，修學態度還是有點漫不經心，總以不執著爲藉口。爲什麼我就不能勇猛精進呢？

答：在修行路上，我們雖然看到了覺醒的價值，但同時還有無所不在的串習，而從外部環境看，整個社會都在支撐貪瞋癡。面對這樣的內外夾攻，必須不斷鬥爭，爲修學創造善緣。你現在所處的膠著狀態，是不少人會經歷的。如果不突破，就會隨波逐流，失去向道之心。

關於精進，佛法的提醒方式是思量暇滿人身的義大難得，還有念死無常、念三惡道苦等。有一篇《策勵自他一切人等痛念無常歌．心匙》，對如何念死有發人深

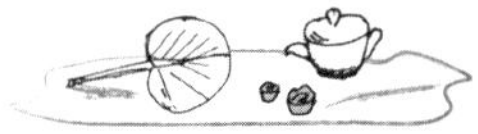

省的描述，經常聽一聽，隨文入觀，可以策勵精進。此外，還要學會管理時間，把每天的修學安排固定下來，以免晃晃悠悠，被慣性帶著跑。三級修學重視氛圍，有一群夥伴相互鼓勵，也是修學的重要保障。但最關鍵的是有效修學，於法受益，這種法喜本身就是源源不斷的動力。有句話說興趣是最好的老師，其實學佛也是一樣，要激發並保持對法的好樂。隨著正念不斷增長，就能戰勝串習。

内外兼修，保持修學狀態

問：在紅塵中修學，有各種誘惑和人情世故的干擾，物質生活又豐富，貪瞋癡時刻占據心靈。怎麼保持良好的修學狀態？

答：最根本的動力是從佛法中受益。我們之所以被誘惑，被干擾，主要因爲缺乏正念和定力。

所學法義還是停留在書本，沒有轉化爲自身觀念，所以在面臨對境時，產生作用的還是「我」，是貪瞋癡，而不是佛陀的教導。當內心的迷惑和煩惱減少，智慧和慈悲增加，認識到修學對生命的意義和價值，才會有源源不斷的力量。這種動力來自生命內在，不受外界干擾，才是最爲穩定的。

但這是需要時間的，在眞正受益前，離不開氛圍的支持。三級修學不僅提供有效的引導，還特別重視氛圍的營造，讓大家互相加持。當一個人懈怠了，其他人就去推動他，支持他，互幫互助，同願同行。尤其是現在的大環境下，這種氛圍就像小小生態圈，可以讓菩提幼苗得到有效保護。當然氛圍不是現成的，要靠大家共同營造。

慢慢修來快快到

問：我參加三級修學時間不長，之前是零基礎，看到有些師兄學識淵博，看過很多書，會念很多經，但我的佛法知識很少，經也不會念，很著急，怎麼辦？

答：佛法有很多法門和經論，目的都是把我們導向覺醒。不論走哪一條路，終點是一致的。路不在多，關鍵是走對。有很多知識，會念很多經，但所學能不能指向終

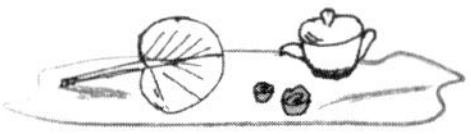

點呢？有些人雖然學了不少，卻在各條路之間繞來繞去，甚至繞得迷了路。這種情況不在少數。三級修學正是針對這些問題施設的，在佛法根本精神之上，建立有次第的修學道路。只要上了路，就老老實實順著指引走，不必東跑西跑，反而是最直接的。即使之前學了其他法門，這時也要暫時放下，先按課程安排學，等有了能力再融會貫通。只有眞誠、認眞、老實，才能穩步前行。如果淺嘗輒止，或四處攀緣，是不容易學好的。從這個角度說，零基礎並不是壞事。學佛不需要知道很多知識，關鍵是把每個階段的法義學深入，從理解到接受，學一點就能用一點，改變一點，那才是眞正的進步。

功夫需要訓練

問：怎樣觀察自己的念頭？怎麼讓自己這方面的功夫深一些？

答：戒定慧是佛法修學的常道，以戒爲定慧之本。如果沒有戒的保障，修行就很難得其助力。現代人生活內容豐富，訊息龐雜，在此起彼伏的念頭中，不知不覺就會被帶跑。怎麼辦？首先要透過持戒建立簡單有序的生活，干擾少了，心清淨了，就容易看到念頭的來去。其次是透過禪修培養定力，這是需要反覆訓練的。功夫用熟了，觀照力才會日益強大，對自己的所思所言所行清清楚楚。如果不刻意練習，就不會有觀察念頭的習慣，更無法持續、穩定地保持。學佛需要不斷「擺脫錯誤，重複正確」，功夫也是同樣。

禪修和皈依定課

問：我在同喜班修學，在靜修營中接觸到了禪修，這和我們平時的皈依定課有關係嗎？可以把兩者結合起來嗎？

答：皈依定課的重點是強化對三寶的信心，其中包含安住修，就是一種禪修。我們可以選擇佛像或佛陀名號爲修習所緣，安住於此，訓練定力；也可以直接觀察心的本質是什麼，由此培養觀照力。靜修營的禪修體驗是採用內觀，但對很多人來說，因爲煩惱深重，串習強大，如果單純修內觀，往往樹欲靜而風不止。心定

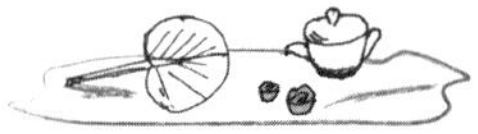

不下來，就很難得其助力。皈依定課的觀察修和安住修，使我們認識輪迴苦，生起出離心，就不易被外境所轉，引發不良情緒，可以爲修習內觀營造清淨的心靈氛圍。而內觀培養的專注和覺察，有助我們在修習皈依時安住。兩者可以相輔相成。

想到就要做到

問：我認可佛法，可內心被魔性占據，無法克服邪淫的念頭，沒勇氣做到眞誠、認眞、老實，怎樣才能更快吸收佛法，不像現在這樣被左右？

答：你能看到自己的不足，看到內心的欲望和魔性，本身已經開始有了一點正念。否則就沒能力看到問題了，更談不上對治。無始以來的貪瞋癡很強大，要擺脫三毒，必須眞誠、認眞、老實地落實學習方法，掌握修學內容。就像我們知道自己病了，也有了藥方，關鍵還要認眞吃藥。至於怎麼才能更快改變，如果方法正確，就看你能下多少功夫，改變的決心有多大。有些人想起來很急，做起來又不急了，那是沒用的。煩惱如冰凍三尺，非一日之寒，不要想著立刻就能徹底解決。但也不要氣餒，每對治一次，就會有一次的效果；如果時時對治，煩惱就沒有現行機會了。

考量自己的根機

問：不同根機者如何選擇適合自己的法門？我可以直接修禪宗嗎？還是先參加三級修學？

答：很多人喜歡禪宗，尤其是頓悟，好似一下就能解決問題，頗符合國人好簡的心態，也符合現代人喜歡快餐的習慣。問題是，頓悟能不能悟得出來？你的資本是什麼？禪宗是接引上根利智者，所謂上根，就是遮蔽內心的塵垢極少。就像雲層很薄時，陽光才容易透出來。即使這樣，也需要明眼善知識接引。但如果根機不夠，即使善知識也是提點不了的。後世不少人學禪，就是因爲障深慧淺，無人引領，結果學成了口頭禪，甚至成爲偷懶的藉口，不過是騙騙自己而已。我們提倡

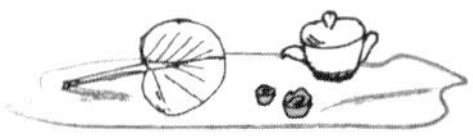

的三級修學，是從佛法的核心要素和次第著手。這是學佛的共同基礎，適合所有根機，也和各個法門兼容。立足於此，就清楚什麼是適合自己的法門，想修禪宗也能夠著了。

檢驗修行的標準

問：在家修行者以什麼標準衡量自己修得好不好？之前看到有人燒出舍利子，這是衡量修行的標準嗎？

答：怎麼看自己修得好不好？透過舍利子來檢驗似乎晚了點，還有人以能否往生西方來檢驗，也難以讓所有人信服。那修行就是不可知的玄學嗎？事實上，只要是有效的修學，可以在當下生命中直接檢驗。

生命是緣起的，其中有負面和正向的力量。修行，就是斷惡修善、轉染成淨的過程。只要方法得當，我們一定能感受到內心的煩惱在減少，智慧和慈悲在增長。

許多三級修學的學員透過實踐，就能真切地看到自己的觀念和心態在改變，看到自己待人處世的方式在改變，看到家庭和工作中的人際關係在改變。家人、朋友、同事也會看到這些改變。所以說，有效的修學一定會帶來生命成長，而且是自己和周圍人都能見證的。如果無法檢驗，自己也不知道修得對不對，好不好，顯然是有問題的。

依止和廣學

問：請了一位善知識的法，是否會形成依止關係？是否可以學習其他法師所說的法？

答：單純地請法，還說不上建立依止關係。我們想依止某位善知識學法，首先要了解他的德行和學養，不少經論列出了標準，如《略論》的善知識十德等。總之，要根據佛法而不是自己的感覺來判斷。確定這是具格善知識，發願依止他修學，他也願意攝受你，才能確定學法的關係。確定之後，自己也要具足弟子相，有學法意樂，才能從這樣的依止中受益。如果以後還要學別的法門，最好請教一下善知識。當然，前提是你所選擇的確實是眞善知識，了解你的情況，也有能力對你的

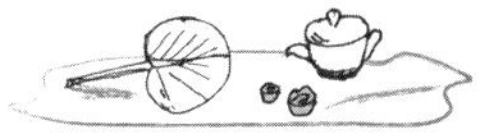

選擇做出判斷，有能力對你加以引導。

如理思維

覺醒之後去哪兒？

問：我之前修淨土宗，知道念佛可以去極樂世界。進入三級修學後，知道要走向覺醒，但不知道未來的歸宿。我生活在娑婆世界，很希望透過修行去一個美好的地方。那麼，覺醒之後到底去哪裡？

答：在佛法中，並不把極樂世界當作永久歸宿，而是當作進修場所。因爲那裡環境好，不會退轉，而娑婆世界誘惑眾多，修起來障礙重重。所以不論到哪裡都是暫時的，只是爲了修行的方便，並不究竟。十方諸佛修行證悟，成就淨土，不是爲了像世人那樣，功成名就後找個好地方享受生活。這樣的願望只是人天乘而已。走向覺醒，不僅爲了自利，也是爲了利他。覺醒的生命是自由的，才能爲悲願驅使，在十方世界自在來去，哪裡有眾生需要就到哪裡。眾生是隨著業力，身不由己地在輪迴中流轉，而佛菩薩悲願無盡，十方法界都是他的道場。所以覺醒後可去的地方太多了，而且對覺悟者來說，哪裡都是西方極樂，不是娑婆世界。

到底有沒有淨土？

問：淨土究竟是怎樣的存在？中觀說緣起性空，唯識說諸法唯識，天臺說一念三千，華嚴說世界圓融無礙。這麼看，淨土只是人心所變。但淨土經典又說，我們可以往生西方聽聞佛法。這麼看，似乎又有具體的地方。到底有沒有呢？

答：佛法說：「一切有為法，如夢幻泡影。」在究竟意義上，淨土也是夢幻泡影，但這並不是說它不存在。我們現在的世界是夢幻泡影，是條件關係的假相，而在凡夫的認識中，認定它是實實在在的。如果從另一個角度看，即使是屬於世間法的量子力學，所見也完全不同。

到底有沒有淨土？關鍵是從什麼角度看。我們之所以有這樣的問題，是把有和沒

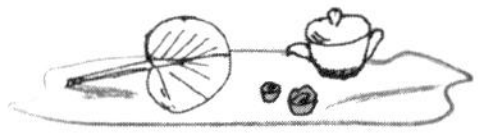

有對立起來了。事實上，我們說虛幻並不影響它的存在，說存在也不影響它的虛幻。我們眼中的一切存在，都是透過自身業力系統看到的。在不同的業力系統，世界以不同的方式呈現。所以說，認識模式決定了我們會看到什麼樣的世界。在天臺、華嚴各宗法義中，都蘊含著這些道理，進一步學就會清楚了。對個人修學來說，如果你是學淨土的，就要深信淨土，發願往生淨土。如果是學其他法門，就根據本宗法義來建立認識。學法還沒有一定深度時，不要把這些放在一起比較。

有多少個世界？

問：每個人業力不同，看到的世界就不一樣。也就是說，每個人都有自己的世界。那是不是有很多個世界，還是究竟來說只有一個？

答：在究竟意義上，世界是沒有差別的，但這個世界不是以任何形相出現的。但在緣起的層面，世界有著千差萬別。眾生因爲業力不同，雖然生活在共業所感的同一個世界，但戴著各自的有色眼鏡，又處在自己獨有的差別世界。從這個角度說，有多少眾生，就有多少世界。問題在於，這個世界往往是被錯誤觀念和不良情緒左右的，會給生命帶來無盡煩惱。學佛就是幫助我們摘掉有色眼鏡，從緣起的智慧看世界，看到無常無我的眞相，看到一切事物的空性。用現在的話說，就是透過現象看本質。

無為法也有差別嗎？

問：《金剛經》說：「一切聖賢皆以無爲法而有差別。」有爲法的差別容易理解，爲什麼無爲法還有差別？

答：這句話出自《金剛經》第七無得無說分，是須菩提尊者回答佛陀所問。這並不是說無爲法本身有差別，而是說三乘聖賢對無爲法的體悟有深淺不同。就像同樣的天空，每個人看到的都不一樣。透過房間窗口只能看到一小塊天空，在城市廣場上可以看到一大塊，在廣闊的草原上可以看到無邊無際的天空。天空本身沒有大

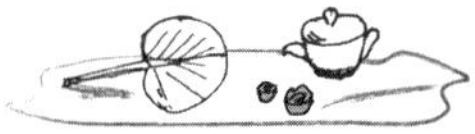

小，但因爲觀看者的視野不同，天空就顯得有大小了。

普賢行願乃真功德

問：法師開示《大方廣佛華嚴經普賢行願品》時說，行持十大願王有很多功德，不知什麼是功德，什麼是福德？

答：在一般意義上，功德和福德並沒有明確界定，都是善行所招感的結果。而在《六祖壇經》中，對功德和福德做了區分，認爲出自覺性、清淨無漏的行爲才稱爲功德，所謂「見性是功，平等是德，念念無滯，常見本性，眞實妙用，名爲功德」。而世人由凡夫心造作的有漏善行，只能稱爲福德，在本質上不算是眞正的修行，也就是《壇經》所說的「汝等終日只求福田，不求出離生死苦海，自性若迷，福何可救」。如果我們按《普賢行願品》闡述的原理觀修，以無限的心，依無限的所緣，修習禮敬諸佛乃至普皆迴向的十大願王，是屬於功德範疇，而且是無量功德。因爲這是直接臨摹佛菩薩的心行，是成就菩提心，而不是凡夫心。

見和不見

問：什麼是「見境之時，見心不見境」？怎麼將這樣的認識落實到修行中？

答：明心見性所見到的覺性，沒有體相，也沒有一切差別相。它既不是心，也不是境，同時又不妨礙一切現象，所以空性和顯現不是對立的。見境之時，不只是不見境，也可以不見心，即《金剛經》所說的「過去心不可得，現在心不可得，未來心不可得」。經中以無住生心爲修行要旨，怎麼做到無住？首先要樹立無常無我的正見，帶著這樣的認識看世界，才能減少對境的黏著，進而透過禪修體認心和境的空性本質。這時就會眞正看到，萬法確實是無常的，五蘊確實是無我的。

不識本心，學法無益

問：什麼是明心見性？如何才能明心見性？

答：我們這次的主題講座「走出輪迴，走向解脫」，就是透過佛陀的修道經驗來說明如何明心見性，以及明心見性到底是明什麼，見什麼。如果用心聽的話，對這個問題應該是清楚的。明心見性是佛法修行的核心，也是共同的目標。其源頭來自佛陀的修行，他在菩提樹下禪坐，由順逆觀十二緣起見到諸法實相，證悟成佛。其後，各宗派又從不同角度契入，對明心見性提出見地，以及相應的修行方法。唯識是透過對心的認識，轉染成淨，轉識成智；中觀是透過層層掃蕩，證悟空性；禪宗是找到那個本來清淨、本無生滅、本不動搖、本自具足的菩提自性。雖然方法不同，但核心是一致的。偏離這個根本，修行只是表面文章而已，也就是惠能禪師所說的「不識本心，學法無益」。

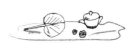

緣起無我

五蘊非我，我在哪？

問：我在大學教心理學，會讓學生從行爲、想法、感受來尋找「我」。很多心理問題正是因爲人們不知道這些、不能表達或被壓抑了。如果五蘊也不是我，怎麼解讀關於自我的部分呢？

答：佛教講無我，也講假我，並不否定緣起的五蘊身，只是否定其中有恆常不變、不依賴條件存在的自性。換言之，是否定我們對事物的錯誤認知，而不是現象本身。唯識宗講三性，即遍計所執性、依他起性、圓成實性。就像有人在月光下看到繩子，以爲是蛇而受到驚嚇。蛇是主觀的錯覺，根本就不存在，爲遍計所執；繩子代表緣起的存在，爲依他起。空並不是否定繩子，而是否定蛇的錯覺，告訴我們一切都是緣起的假相。

我們戴著有色眼鏡看世界，所見離不開自己的認知模式，並受到觀念、情緒、經驗、好惡的影響。好比我們喜歡一個人，看他做什麼都很順眼，反之，看他做什麼都不順眼。我們非常相信這個感覺，認爲世界就是自己看到的那麼回事。其實，呈現在我們認識上的世界，並不是客觀存在的那個。佛法就是不斷告訴我們，事實的世界是怎麼回事。一旦跳出錯誤的認知模式，如實看清眞相，當下就

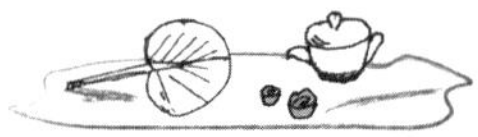

能在緣起現象中通達空性。反之，則會由我法二執的錯覺產生所知障和煩惱障。然後繼續帶著二執二障看世界，使所見被進一步遮蔽。

怎麼認識自己、解讀自我？雖然假我的部分可以從五蘊來尋找，但如果停留於此，是找不到眞相的。必須透過五蘊，看到色受想行識只是條件關係的假相，才能看到我的本來面目，這是必須透過修行體證的，而不是意識層面的思維和判斷。

眞正的我是什麼？

問：聽了講座，感覺我的所謂煩惱，只是在六根和五蘊的作用下，由錯誤認知產生的，但也帶來另一個問題：假設這些都不是我，眞正的我是什麼？

答：「我是誰」，是佛法修行解決的核心問題。我們會把身體、相貌、財富、地位等當作是我，如果以智慧審視，會發現這些和我們只是暫時的關係。這種對自我的錯誤認定是一切痛苦的根源。世間每天會發生很多災難，我們通常只是聽聽而已，未必有什麼感覺。但只要貼上「我」的標籤，馬上會對我們造成影響，甚至讓人崩潰。佛教說無我，並不是說你不存在，而是否定對自我的錯誤認定，引導我們眞正找到自己。

關於對自我的認識，佛法從兩個角度切入。一是在認知層面，引導我們看清什麼不是我，從而排除干擾；二是透過禪修擺脫妄念，把心帶回當下，透過持續、穩定的專注培養定力。然後就可以在此基礎上修觀，看到五蘊乃至諸法的實相。更重要的是，可以進一步開啓智慧。一旦開啓智慧，不僅能知道「我是誰」，還能找到自我拯救的能力，找到生命的最大價值。

我、末那、阿賴耶和佛性

問：什麼是末那識和阿賴耶識？和我是什麼關係？和佛性是什麼關係？

答：末那識和阿賴耶識出自唯識的八識思想，屬於潛意識，即平時感覺不到的部分。

末那識是我執的根本，它把阿賴耶識執以爲「我」，引發了與此相關的一切煩

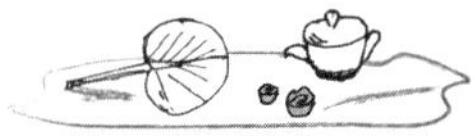

惱。爲什麼會執阿賴耶識爲「我」？因爲阿賴耶識具有儲藏功能，保存著生命延續過程中的所有訊息。我們無始以來的一切所思所言所行，不是發生後就結束的，還會在內心留下影像，形成種種心理力量。關於這方面的內容，可以參考我的《認識與存在》一書。這本書是關於《唯識三十論》的解讀，詳細說明八識及其運作原理。

複製只是出生方式不同

問：佛教怎麼看複製人？這算不算是一種生命？

答：複製人是全世界明令禁止的，會帶來道德、倫理等眾多問題，後果不堪設想。雖然佛典中沒有說到這個問題，但佛法不離世間法，既然複製人對眾生有那麼多危害，佛教自然也是反對的。但從原理來說，複製人也是獨立的生命體，只是出生方式比較特殊。當它做爲生命體出現，不只是細胞在產生作用，同樣會有識去投胎，帶著那個識所儲藏的生命訊息，才能構成完整的生命。就像有一隻貓被複製了，並不等於原來的貓，其實是另一個生命。只是因爲出生方式，所以在生命的物質層面，基因訊息的相似度更高。

輪迴和解脫

問：我對輪迴的眞實性有所懷疑，原始佛教中就有輪迴說嗎？緣起性空是不是說，只有重新回到空，才能究竟解脫？

答：輪迴是印度文化的共識。印度宗教眾多，但普遍認可輪迴說，認爲輪迴在時間上貫穿三世，在形態上包含六道，但本質都是痛苦的。生命的意義就在於解脫輪迴。這種認識並非玄想，而是透過禪修證知的。佛陀證悟時，同樣看到眾生在輪迴中不斷流轉。所以這也是佛法的基本思想，從原始佛教到大乘佛教是一以貫之的。

現在人接受唯物主義教育後，將此視爲認識世界的唯一標準，看到才肯相信。但科學告訴我們，宇宙中除了可見的物質外，還有更多不可見的暗物質和暗能量。

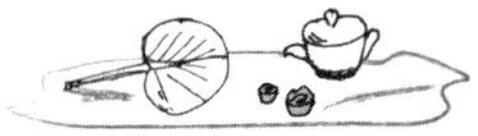

相較之下，可見物不過百分之五而已。而且科學還在不斷發展中，即便從這個角度，我們也不能用現前認知，輕易否定自己看不到的部分。事實上，我們的認識系統有很大的局限性和錯亂性。

關於輪迴，我通常會提出三個思考角度，一是天賦，二是緣分，三是命運。很多人會感到人有天賦、人與人之間存在緣分、人受命運支配，卻無法解釋爲什麼會這樣，輪迴說恰恰可以解答這些疑問。如果沒有輪迴，很多現象是無解的。

緣起性空告訴我們，一切現象都是眾緣和合的，其中沒有不變的本質。佛法所說的緣起有兩種，一是雜染緣起，一是清淨緣起。凡夫生命以迷惑煩惱爲基礎，不斷製造痛苦和輪迴。但解脫輪迴並不是什麼都沒了，不是進入頑空狀態。因爲我們還有佛性，當清淨種子開顯出來，將成就理想的生命狀態。

緣起的生命觀

問：佛教認爲世上不存在永恆的我，身心是由色受想行識五蘊構成，其本質是空性。

識也是空的嗎？如果這樣的話，究竟什麼在六道輪迴？

答：印度傳統宗教認爲有固定不變的神我，西方宗教也認爲靈魂是永恆不變的實體。佛教講無我，是否定在緣起生命安立的假我，認爲生命是色、受、想、行、識五蘊組成的緣起現象，其中找不到身爲實體的「我」。識同樣是緣起的。

但無我也不是人死如燈滅。佛教認爲生命延續像流水一樣，以第八阿賴耶識貫穿其中，這個過程是「相似相續，不斷不常」的。相似相續，即色身從小到大，從成長到衰老，時刻都在變化。但它是前後相續的，不是立刻從孩子變成面目全非的老人。除了色身的變化，我們的觀念、心態、人格也會隨著生命經驗的積累而更新，從不間斷。可以說，阿賴耶識就像一個隨時儲存訊息的超級硬碟，內容時刻在變化。我們所有的想法和言行，不是發生後就結束的，而會在內心形成種子，成爲未來生命延續的動力。

生命雖然沒有不變的實體，但有阿賴耶識爲載體，所以人出生時並不是一張白紙，而是以過去的積累爲起點，又以現在的積累決定明天是什麼。本著對自己負責，我們也要謹言慎行。修行，就是不斷改變生命內涵的過程。這是緣起的生命觀，既不同於一般宗教的永恆論，也不同於唯物論的斷滅論。

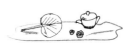

果報還自受

問：《大寶積經》說：「假使經百劫，所作業不亡，因緣會遇時，果報還自受」。我去九華山時，看到供奉著十殿閻王。那麼下地獄是不是相當於對以往業力的結算？如果結算過了，業力會不會結束？因果和儒家說的「積善之家，必有餘慶，積不善之家，必有餘殃」一樣嗎？

答：這個《易經》坤卦文言告訴我們，只要沒有對治，往昔所造的一切業力都要受報。下地獄只是某一部分惡業的成熟，這些業報完後就結束了，不會沒完沒了地繼續。就像你欠債還錢之後，相關債務就此了結。但無始以來，眾生所造的業力無量無邊，就像你欠了很多債，下地獄相當於還了最大的債，但不是全部。所以眾生隨業流轉，業報是逐步顯現的，不是一次性就能結算完的。在不加干預的前提下，業力會在條件具足後自然成熟，招感果報。如果擔心未來苦果，首先是從今往後不造惡業，其次是透過懺悔來對治，把重業變成輕業，甚至消除。因果思想和儒家所講的「積善之家必有餘慶，積不善之家必有餘殃」有相通之處，但不完全一樣。因果是基於個體生命的延續，而不是以家庭爲單位。當然，我們會投生什麼家庭，招感好或不好的環境，也是自身因果決定的。從這個角度看，儒家觀點也說得通。

業果怎麼延續到來世

問：人類造作善惡業所感召的果報，怎麼會延續到來世？

答：任何一種行爲都有兩種結果，除了看得見的現象因果，還有看不見的心靈因果。從現象因果來說，有現報、生報、後報之分。比如幹了壞事，可能馬上感果，可能來生感果，也可能會經過更多生。從因到果需要緣的推動，即相關條件的成熟。但不論早晚，一定是會結果的。生活中也有類似情況，比如有人做了案馬上

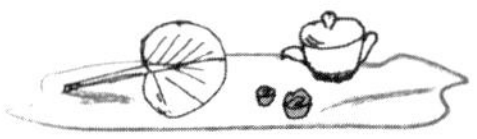

被抓，也有人做案後過幾十年才被破案。不同的是，法律制裁可能有疏漏，但因果是絕對逃不掉的，因爲這是事物發展的規律，不是誰可以逃避或操控的。從心靈因果來說，也有當下和未來兩種。我們心生慈悲時，內心是溫暖而快樂的，同時還會使慈悲特質隨之成長。不斷強化慈悲，會使生命得到提升，使這種力量延續到未來。在生活中我們可以看到，有些人從小就心懷慈悲，願意幫助他人，就是這種心行的等流果。

人生正見

什麼是真正的成功？

問：我從小就胸懷大志，想當科學家造福人類，當醫生救死扶傷，當教師培養人才，總之要成爲對世界有貢獻的人。但遇到佛法後，感覺覺醒才是唯一的成功。我疑惑的是，即使改變世界的人也不算成功嗎？

答：這要看你用什麼標準衡量成功。現代的成功標準偏向物質，比如事業的大小、財富的多寡、名望的高低、粉絲的多少。中國古代的成功標準是立德、立功、立言，更重視做人和對社會的貢獻。而佛法所說的成功是自利利他，自覺覺他。一方面是於自身成就高尚人格，斷除煩惱，圓滿悲智；另一方面還能引領眾生改善生命。我想，這是更究竟的成功，意義也更為長久。

至於當科學家、醫生、教師，當然很有意義，這和生命覺醒並不相違。如果在完善人格的基礎上從事這些職業，將對世界做出更大貢獻。否則的話，即使職業本身很高尚，能夠利益大眾，如果沒有健全的心智，也會對自己和他人造成危害。職業只是一種工具，關鍵在於使用工具的人。

怎麼找到人生使命

問：經過近十年對工作的全心投入，取得了一定成果，此後卻突然失去了目標，工作和生活都沒了之前的激情。也曾問自己到底想要什麼，但內心空空的，不知如何

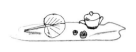

找到人生使命？

答：學佛就是讓我們看清人身的價值，用好這個難得易失的身分。人有理性，能夠透過修行自覺覺他。除了這個終極目標，世間任何成就都是暫時的，經不起審視。沒有達成目標時，可能還覺得前途充滿希望，到了之後卻發現不過如此。甚至有些哲學家和藝術家在功成名就後走上了絕路，爲什麼會這樣？就是達到某個目標後突然失去了方向，四顧茫然，沒有興趣在世間苟活。所以我們要以開放的心態接受智慧文化，重新審視人生。如果看不到生命的高度，沒有終極的目標，未來是沒有出路的。

讓時間的使用更有價值

問：參加修學一年來，我發生了巨大改變，也感化家人皈依了。現在我覺得應該把更多精力投入修學，但在生活中，我既是女兒，也是母親和妻子，還是單位員工，感覺時間難以均衡分配。比如照顧寶寶，如果我要修學，就得把孩子交給老人，但站在孝敬老人的角度，又不該給他們增加負擔，怎麼辦？

答：在家居士都有家庭、工作、社會等方面的責任，有時會覺得，學佛和這些世俗責任有衝突。這主要因爲還是初學，沒能好好運用佛法。當我們透過修學變得更有智慧和慈悲，就能更善巧地處理這些問題。生活中的很多事並沒有標準答案，而是要根據當下的因緣綜合判斷。比如讓老人看孩子，不見得是不孝順，也可以是讓老人享受天倫之樂。究竟屬於哪一種，還是要取決於具體情況，以及你在處理時的言行、態度和方式。

此外，當我們心沒能安住於法時，就會妄想紛飛。很多人每天忙來忙去，大量時間用於妄想，用於玩手機、聊天、逛街，甚至製造各種無謂的應酬。學佛後生活變得簡單，可以省出大量時間來學習，做利益社會的事。不僅如此，當你的智慧增長了，即使看孩子、做家務，也可以是修行的一部分，和學佛並不矛盾。如果是和人相處，就用來訓練理解、陪伴、關愛；如果是單純做事，就用來訓練覺知和安住當下。當時間使用得更有價值，你的生命就會更有價值。

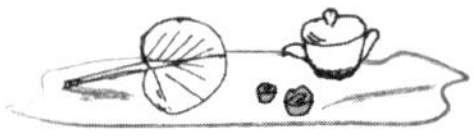

怎麼都好，不需要煩惱

問：法師如此慈悲、如此智慧，還會不會生起煩惱？

答：每個人的生活環境不一樣，看問題的方式不一樣，心態自然也不一樣。出家人的環境相對單純，沒有各種關係的制約，也沒有社會上那麼複雜，本身少有引發煩惱的對境。而且我們做的事很大，我曾在微博中寫過做大事的五大好處：一是不容易失敗，因爲不容易成功；二是不容易失業，因爲短期內做不完；三是不容易執著，因爲找不到執著點；四是做不好了有藉口，因爲本來就不容易做好；五是不用著急，如果因緣不成熟，一個人乾著急也沒用。所以我一直覺得，出家人既沒有得意也沒有失意。有因緣時多做一些弘法利生的事，沒有因緣時，自己靜修也挺好的，而且也非常重要。總的來說，怎麼都好，不需要煩惱。

三觀決定人生

問：身爲家長，怎麼引導孩子建立三觀？從什麼階段開始較合適？

答：這幾年開始強調三觀，即人生觀、世界觀、價值觀。其實學佛也是幫助我們建立三觀。生活中每天都發生很多事，這些事能對我們產生什麼影響，關鍵不在於事情本身，而在於我們怎麼看待。此外，我們還要面臨各種選擇，從怎麼待人處世，到尋找活著的意義，都離不開選擇。選擇就意味著放棄，為什麼要這個而不要那個？為什麼這個重要而那個不重要？眞正決定這些選擇的還是三觀。有些父母喜歡替孩子做決定，其實是將自己的三觀強加給孩子，如果這個三觀是錯誤的，就會給孩子造成負面影響，甚至是終生的痛苦。這樣的例子，新聞中比比皆是。

只有三觀正確，我們才能過好每一天，所以這種教育非常重要，而且是成長過程中最為重要的教育。但目前的教育體制中，這方面的內容還有些薄弱。身為家長，如果能把智慧文化分享給孩子，幫助他們確立人生目標和道德準則，將使他們終身受益。建立三觀不是學知識，在任何階段都可以開始。透過自己的言傳身教，讓孩子在潛移默化中知道，應該成為什麼樣的人，什麼該做而什麼不該做。

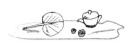

這應該比單純講道理效果更好。

人際關係

尊重緣起，勇敢做自己

問：佛法告訴我們要放下，活在當下，但不得不與強勢而偏執的師長相處時，如何擺脫壓力，勇敢做自己？

答：我們往往活在自己的標準中，當外境與此不符，就會心生牴觸。尤其在對方強勢而偏執時，更易讓人產生壓抑、憤怒等不良情緒，想不通「爲什麼這樣」。如何面對？佛法所說的「隨緣」特別重要。我們對隨緣的理解可能偏於消極，以爲是隨便或逃避。其實，隨緣是讓我們尊重緣起的差別，不要執著自己的設定。每個生命都有各自的成長軌跡，他們會形成今天這樣的觀念、心態、性格，以這樣的方式待人處事，並不是偶然的，而是代表長期以來的積累。這些表現不僅讓別人不舒服，他們自己就是首當其衝的受害者。如果能理解到這一點，不論對方表現出什麼態度，我們都能以平常心接納，而不會感到傷害。因爲他們本來就是這樣，是身不由己的。

接納之後，可以帶著慈悲和智慧，心平氣和地與對方溝通。慈悲是爲對方著想，希望他擺脫不良情緒；智慧是透過客觀分析去解決問題，而不是被情緒帶偏。這樣的溝通於己、於人、於事都有幫助。勇敢做自己，前提是有效解決問題，而不是帶著牴觸的心態迴避，那只會擱置問題；也不是因爲看不慣而指責對方，那只會激化矛盾。

溝通而不是對立

問：父母的控制，有時並不是我們想要的，但也不是我們能改變的。我們生在這樣的家庭，勢必和家人產生一些無明的因緣，有時甚至是惡緣。只能無奈地被這些因緣吞沒嗎？怎樣既不傷害親人，又能追求自己的人生理想？

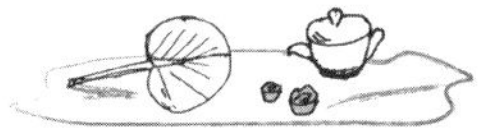

答：生在不理想的家庭環境，確實會有諸多無奈，也是不少人的困境。這種情況下怎麼辦？首先要接納現實而不是對立，否則只會使狀況更糟。從佛法角度說，每個人出生在什麼家庭，和自己往昔的業力有關。既然是自己造成的，沒什麼可抱怨的，只有在接納的前提下調整。此外，父母對我們有養育之恩，從報恩的角度，更要多一層理解。

其次要思考人生，明確未來選擇，清楚自己究竟要什麼，不要什麼。如果這是你的理性選擇而不是一時興起，就有信心和理由去說服父母。當然溝通方式也得善巧，要從他們最容易接受的角度切入，且不設立場，不帶情緒。

與父母相處的雙全法

問：我想要不尋常的生活，而父母想讓我過穩定的生活，雙方有很大的衝突，怎麼尋求平衡？因爲學佛和家人產生衝突怎麼辦？

答：這種問題很多家庭都會發生，說不上誰對誰不對。你的想法有自己的心行背景，甚至是過去生的串習，從你來說是合理的；父母希望你穩定，是出於對你的愛和關心，從他們來說也是合理的。首先要理解他們，感恩父母的養育和關愛，而不是心生對立。然後在此基礎上善巧溝通，最好展現出讓父母放心的能力，知道你的選擇不是一時興起，而是經過思考做出的抉擇，是有把握並能對自己負責的。如果能讓父母放心，相信他們會尊重你的選擇。總之，從心態到做法都不能對立，否則一定會兩敗俱傷。

至於學佛，如果是偏重形式的信仰，當親人尚未接受時，就在生活方式上有極大的改變，容易導致對立。所以要本著自利利他的心和家人溝通，希望以自己的言行利益家人。隨著我們的成長，家人看到這些正向改變，就會逐漸認可，甚至因此接受佛法。在三級修學學員中，這樣的事例很多，是屬於「潤物細無聲」的滲透式影響。但在家人態度強硬且難以改變時，暫時迴避一下也是可以的。不論什麼情況，都不能心生對立，而要本著信心、耐心、利他心面對。這本身就是重要的修行。事實上，親密關係中的修行難度很大，但處理不好也不必氣餒，當我們

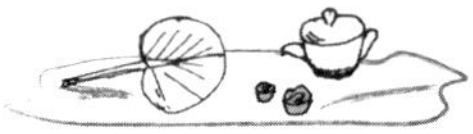

的智慧和慈悲增長了，辦法總會越來越多。

想好自己要什麼

問：大齡青年怎麼面對父母的催婚？該用什麼心態找生活伴侶？我擔心戀愛結婚會影響修學，想得越多，越看不到理想的對象，應該放下這些去修行嗎？

答：對父母來說，催婚的要求很正常。尤其在中國社會，這是非常普遍的，不催婚反而是反常的。對於在家人，佛教不會要求一定要結婚，也不會反對結婚，只是告訴你結婚後應該承擔什麼責任，同時不能有婚外戀等不道德行爲。

結婚首先是個人的選擇，要自己做出決定。但婚姻生活是兩個人，甚至兩個家庭的事，一旦成了家，就要把家庭當作道場，在相處中學習接納、包容、隨喜，盡心承擔由此帶來的一切責任。如果你確實想追求出世解脫，獻身佛法事業，全身心地修行，也是很好的選擇，但也要看到這條路上需要付出的努力。所以結不結婚都是對的，關鍵是想清楚自己要什麼。當然想的也不一定都能做到，還要有隨緣的智慧，審時度勢，根據當下的因緣過好人生。這樣的話，一切都是最好的安排。

和孩子共同成長的功課

問：我學佛後放下了很多，但女兒的學習和生活習慣不好，這點我始終放不下，怎麼辦？

答：佛教講的放下，並不是放棄。身爲學佛人，我們首先要在社會上盡職盡責，所以教育兒女、孝順父母、關愛同事、認眞工作都是修行的一部分。關心孩子學習，引導她培養良好習慣，本來就是身爲父母應該做的。關鍵在於，你是不是本著正確心態在做，方法是否有效。

很多父母爲孩子操碎了心，但效果並不理想，甚至讓雙方都很痛苦。這就需要檢討自己的發心：究竟是希望她健康成長，還是讓她按自己的意願發展？同時還要考量：對她的要求是否合理？是否在她的能力範圍內？每個人都有自己的業力，

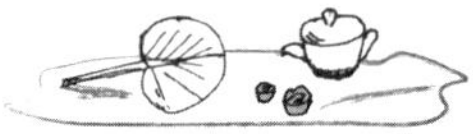

不是那麼容易改變的。即使佛菩薩在世，也只能度化有緣者，而不是所有人。所以，我們既要對孩子盡心盡力，也要尊重緣起，並有善巧方便，而不僅僅是按自己的意願行事。當溝通效果不理想時，要及時調整。如果確實盡到全部努力，就應該接納當下的狀態。事實上，只要你的方法正確，總會對她有幫助的，只是沒達到你希望的狀態而已，那就沒必要糾結了。你可以將此當作自己的修行功課，和孩子共同成長。

身教重於言教

問：我們都知道教育要從小做起，如何給孩子智慧的引導，讓他們受益？

答：現在整個社會缺乏做人的教育，從學校到社會都是如此。更麻煩的是，外在誘惑和負面影響無處不在。父母確實要關心孩子的精神生活，加強道德素質的教育。我們希望孩子從智慧文化受益，前提是自己眞正受益。當我們的觀念、心態、人格、言行得到改善，貪瞋癡減少了，慈悲智慧增加了，本身就能爲孩子傳遞正向的訊息和能量。孩子是感性的，除了講道理之外，最重要的是以身作則，讓孩子看到你是什麼樣的人，是怎麼待人處世、處理問題的。這樣的身教最爲直接，往往勝於言教。在孩子出現問題時要及時糾正，和他一起學習，爲什麼錯了，應該怎麼做，同時融入一些做人的道理。此外，還要營造和諧的家庭氛圍，讓孩子打開心扉，願意和父母交流，這是幫助孩子健康成長的重要前提。

從想著自己到想著他人

問：我是獨生子女，凡事想著自己，個性比較自私。法師說要發慈悲心，我感覺力不從心，不知怎麼才能對他人慈悲？

答：身爲獨生子女，往往受到家人的過度關注，家人對其百依百順，養成以自我爲中心的串習。但要知道，這種感覺對個人和社會都沒好處。從個人來說，沒有面對逆境的經驗，走上社會後容易受挫；從社會來說，如果每個人都以自我爲中心，就會引發矛盾和對立。不論是否學佛，與人相處時都要理解、尊重、包容對方。

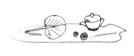

只有善待他人，才能得到相應回饋，否則會活得很辛苦。

認識到自我爲中心的過患後，還要進一步認識到慈悲心給生命帶來的利益。有人覺得慈悲是付出，是吃虧，事實上，慈悲會使你的心態變得更好，人際關係得到改善，使你變得更有福報，更受歡迎。最重要的是，讓你的生命品質得到提升。我們想一想，自己喜歡自私還是慈悲的人？其實別人也是一樣。至於怎麼做，社會上說要換位思考，佛教則有自他相換法，就把對自己的在乎轉爲對別人的在乎，把對別人的漠視轉爲對自己的漠視，透過對中心的轉移來擺脫自私。

怎麼讓自己更包容

問：如果世上沒有壞人壞事後會怎樣？怎麼才能包容所有人？

答：如果世上沒有壞人壞事了，就會成爲人人和樂的淨土。佛教認爲，一切顯現都和眾生共業有關。只有人類道德提升時，世界才會和諧，自然才會平衡。而道德墮落則會引發災難，毀滅世界的大三災（火燒初禪天、水淹二禪天、風吹三禪天），以及戰爭、瘟疫、飢饉的小三災，都是因爲壞人壞事，而根本在於內心的貪瞋癡三毒。

至於包容，關鍵是發菩提心，建立「我要利益眾生，幫助眾生解除痛苦」的願望。這就必須打開心量，接納一切眾生。不包容，往往是因爲責人過嚴，且自以爲是。從世間法來說，可能只是清高而已，未必算是問題；但從學佛來說，就是我執更強，是修行的極大障礙。我覺得，所謂的好人壞人，其實只是健康和不健康的人。如果對方的問題只是因爲他不健康，是重病患者，我們就應該幫助他，而不是排斥他。有什麼是不能包容的呢？

心行成長

煩惱來了怎麼辦？

問：我最近在生活中遇到很多問題，束手無策，一步步向煩惱讓步。這種身不由己的

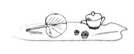

感覺非常難受，內心渴望獲得平靜，這是不是善法欲？應該怎麼解決煩惱？

答：所謂煩惱，煩是擾，惱是亂，就是擾亂內心的負面情緒，讓我們不得自在，不得安寧，活得很累很痛苦。渴望解決煩惱的願望，我想很多人有過，尤其是身處煩惱時，這種感覺會很強烈。是不是善法欲，關鍵在於你用什麼方法來解決。世人有了煩惱會借酒消愁、沉迷遊戲，或是吃喝玩樂、購物減壓。這些方式也能起到轉移煩惱的效果，但只是暫時逃避，無法從根本上解決問題，還會帶來種種副作用。

要解決煩惱，就要看清煩惱是怎麼產生的。事實上，很多煩惱是來自觀念。世間種種能對我們產生什麼影響，關鍵不在於事情本身，而在於我們怎麼看待。所以要了解哪些觀念不製造煩惱，進而能對治煩惱。佛法將思維分爲兩種：一是非理作意，即錯誤的思維方式；一是如理作意，即智慧的思維方式。如果以錯誤思維看問題，時時處處都會製造煩惱。反之，不論遇到什麼對境，都能安然接納並尋找解決之道，而不是爲此煩惱。所以，不讓煩惱有現行機會，思維方式非常重要。但要徹底斷除煩惱和產生煩惱的根源，必須透過禪修證悟空性。

接納逆境才能止損

問：我是心理工作者，曾在汶川地震時做過心理援助工作，爲許多喪失子女的家庭疏導情緒，幫助他們走過悲傷，卻無法回答這樣的問題：爲什麼這事發生在我身上？從因果來說，難道是他們罪有應得嗎？

答：佛法確實是以因果和無常看待世間一切悲歡離合，只是當對方自己沒有這樣的認識，又處於極度悲痛時，這種說法聽起來會感覺很無情。所以要善巧表達，以免對方受到刺激，或感情上不能接受。從今生的結果看，這種死亡對自己和家人都是莫大的不幸。但從輪迴來看，死亡並不是結束，也是新生命的開始。如果他的善業能成熟，去處未必不如現在。此外，世間每天會發生很多天災人禍，所謂人生不如意十之八九，如果不接納逆境，就會像佛經所說的那樣，被一支毒箭射中後，又被第二支毒箭造成更大的傷害。在這樣的情況下，接納才是及時止損的有

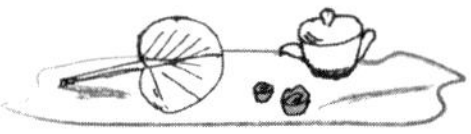

效辦法。如果能由此認識無常，轉逆境爲修行機緣，才能眞正走出悲傷。

處理情緒的兩個基本原則

問：佛法認爲情緒是假我，要和它保持距離。但一般人面對情緒時會陷入其中，無法保持距離。心理學則認爲，採用壓抑、隔離等情緒防禦機制，會造成情感淡漠、鬱結等問題。對一般人來說，有沒有普世的方法處理不良情緒？法師在講座中說，要開啓生命純淨的直覺，這和潛意識有關嗎？

答：對待負面情緒，最基本的有兩點。首先是不製造情緒。負面情緒不是從天上掉下來的，究其根源，主要來自我們的觀念和思維方式。其實不如意是人生常態，當事人不能正確看待，才會產生憤怒、焦慮、沒有安全感等不良情緒。事實上，這些情緒對解決問題毫無幫助，只會讓人失去理智，讓事情變得更糟。所以要改變觀念，在面對問題時不起情緒，就像疾病防控一樣，預防才是關鍵。

其次是不積累情緒。情緒是會增長的，不論憤怒、嫉妒還是焦慮，當它產生後，如果不能如理思維，而是繼續非理作意，就會給負面情緒提供養分，使之不斷增長。好比你討厭一個人時，會製造很多討厭的理由，越想越覺得討厭。所以有了負面情緒時，不要縱容，不要給它成長空間，而要學會審視：爲什麼產生這些情緒？情緒到底是什麼？其存在是否合理？當我們能靜下心來看著它，情緒就會像不活化的病毒，不再具有破壞力。

最重要的是透過禪修開啓觀智，才能徹底消除情緒。當然要做到這個有難度。對一般人來說，前兩點都是可以做到的。至於純淨的直覺，不能簡單等同於潛意識。因爲潛意識是有層次的，比如第七末那識和第八阿賴耶識就屬於潛意識，但都在妄心系統。只有超越妄心，才能進入純淨的直覺。

不自大，不自卑

問：我本來自我感覺很良好，後來受他人影響，開始變得有些自卑，而且特別在意別人的看法，應該怎樣調整心態？

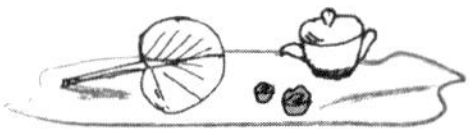

答：人往往看不清自己，就會不自覺地和他人比較。有人愛用自己的長處和別人的不足比，就會自我感覺良好，甚至盲目自大；也有人總是誇大自己的不足，以此否定自己。這都不是如實的認知，也反映了對自身的不接納。每個人都有自己的長處和不足，這很正常，因爲生命的積累不同。了解自己當下的狀態，如實接納，才能在此基礎上進步。否則，自大者會故步自封，自卑者會妄自菲薄，都是不利於生命完善的。

在意別人的看法，同樣是因爲看不清自己，對人生追求不明確，不知道自己能做什麼，也不知道自己究竟要什麼不要什麼，就很容易受外界影響。如果能透過學佛樹立正見，對人生有自主選擇，就不會那麼在意別人了。別人有什麼看法，我們可以用來檢查自己，有則改之，無則加勉。除此以外，不必多想什麼，否則只會增加無謂的煩惱。學佛的根本就在於去除我執，如果死死抱住這個「我」不放，連別人的看法都要在意，痛苦是沒完沒了的。

鬼也是衆生，別怕

問：學佛後相信有六道輪迴，但一想到鬼道眾生，內心就特別害怕和牴觸，怎麼對治？

答：怕鬼一方面是因爲看不見它，加上傳說和文藝作品中的可怕描述，想像空間很大，就會引發恐懼；另一方面是因爲自身正念不夠強大，容易受到侵擾。關於這個問題，可以念誦佛號或三皈依，觀想三寶功德在護佑我們。這些聖號有著強大的能量和加持力，可以安頓身心，驅除恐懼。

進而還要思考，鬼也屬於六道眾生，是學佛人發願幫助的對象之一。他們成爲鬼，是惡業招感的苦果，已經很不幸了，有什麼可以害怕的？如果我們充滿慈悲，無論遇到什麼眾生，內心只有慈悲，沒有恐懼也沒有仇恨。反之，才會被恐懼或不良情緒抓住。所以讓什麼念頭占據內心很重要，如果能時時發起菩提心，修習慈悲心，就會充滿力量。

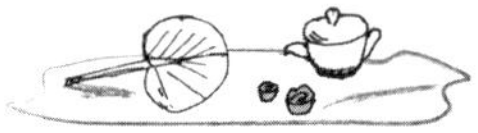

讓智慧照入夢境

問：《金剛經》說「一切有爲法，如夢幻泡影」，物理學家也說，宇宙是一個全像投影。但這一切太眞實了，我們體驗到的痛苦和快樂讓人沉浸其中，無法自拔。怎樣才能把夢境和現實區分開來？

答：我們做夢時，一切都很眞實，醒來才知道之前是夢境。我們現在身處無明大夢，在覺醒之前，同樣覺得這個夢很眞實，會全心全意投入其中，爲之歡喜、憂傷、恐懼。只有醒來後才能看清，所經歷的一切不過是夢中影像，顚倒妄想。但僅僅依靠意識的思維是很難分清的，必須透過修行開啓觀智，才能見到諸法的如實相。佛陀就是在覺醒後，把他所見告訴我們，以此喚醒沉睡中的眾生。我們聽了這些道理，還要透過修行去證悟，否則就無法明白佛陀說的是什麼。

自利利他

不忘出離心，常修菩提心

問：佛法更重視出世還是入世？兩種修行有先後次第嗎？

答：出世和入世，分別對應出離心和菩提心。表面看來，出和入是對立的。事實上，出離並不是離開世間或躲進深山，而是看透五欲六塵的虛幻，擺脫對世間的貪著，這才是輪迴的眞正根源。佛教以解脫爲三乘修行的根本，不僅發出離心的聲聞要解脫，發菩提心的菩薩同樣需要解脫。只有斷除煩惱，以超然的心態入世，才能好好幫助眾生。否則很可能成爲泥菩薩，還沒幫到別人，自己就淪陷了。所以出世和入世是統一的。從根本上，都需要有出世之心，都要解脫輪迴。但入世是菩薩利他的途徑，如果不和眾生結緣，何以度化他們？

至於先後次第，雖然菩提心是以出離心爲基礎，但並不是說，必須出離心圓滿之後再修菩提心。尤其是對在家居士來說，有了一定基礎後，就可以同時進行，不

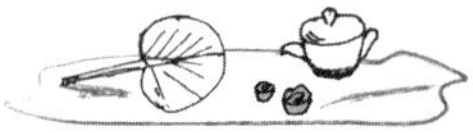

忘出離心，常修菩提心。當然，如果有條件靜修一段時間會更好，心行會更穩定。

利他心的度

問：學佛要自利利他，但我覺得自己功力不夠，幫不了幾位朋友，有時反受到傷害。利他心應該把握到什麼程度？自己功力不夠時怎麼化解？

答：利他的難度在於會和我執發生衝突，所以生起利他心的前提，是眞正認識到我執的過患和利他的意義。這樣的認知非常重要。至於在利他過程中有沒有合適的度，這和個人的定位、能力有關。

定位就是你對自己的要求，是不是想要學做菩薩，能力則是你目前可以做到的最大程度，不同的人會存在差異。比如菩薩戒說到，菩薩可以爲利他獻出自己的頭目手足乃至生命，但這指的是登地菩薩，已經見到空性。在達到相應境界前，這麼做反而有副作用。因爲你對自己身體還很執著，獻身之後會苦惱甚至退心，所以要衡量自己的能力。

從佛法角度看，提升自己也是一種利他，當然前提是帶著利他心提升自己。大乘的皈敬頌說：「我以所修諸功德，爲利有情願成佛。」就是告訴我們，修功德、成佛道都是爲了幫助眾生。具備這樣的見地後，可以根據實際情況綜合抉擇，並不一定要對他人百依百順。在自己能力範圍內就盡力去做，否則也可以婉言拒絕並說明理由，不必過分勉強。在我們的發心、能力、境界差距較大時，強迫自己做些什麼，於人於己都沒有好處。當然，也可以在現有基礎上適度突破一點，這樣會進步更快。

願心要真要切

問：一直有很多人關心我、幫助我，但在他們有困難時，我卻無力幫助他們，感覺特別愧疚，不知該怎麼辦。如何在我力所能及的範圍內報恩？什麼才是究竟的報恩方式？

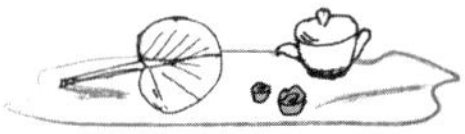

答：首先要根據自己的能力盡力去做，同時要發菩提心，建立高尙的利他願望。如果這種願望非常強烈，能力就會很快提高。這就像帶著目標去學習一樣，有源源不斷的動力。生起這樣的願心，利他的因緣也會不斷出現。事實上，不論能力是大是小，只要有心，總能做點什麼。有時哪怕沒做什麼具體的事，也能給對方傳遞慈悲，讓對方感到溫暖和關懷。關鍵是這份願心要眞切，確實是這麼想，也強烈想要去做。不然的話，可能只是想過說過，感覺自己是個知恩圖報的人就結束了，並不想進一步付諸行動。這是不行的。究竟的報恩方式，當然是引導他們透過學佛止惡修善，這樣才能徹底擺脫痛苦。但前提是你自己眞正從佛法受益，這樣才有說服力。

因為理解，所以慈悲

問：我知道學佛之人要有悲心，平時我看見流浪動物就很想幫助，但看到需要幫助的人，反而沒有幫助小動物的心那麼強烈，只是覺得應該去做。這是爲什麼？

答：這種現象其實不在少數，不少人會對動物心生慈悲，對人卻不容易。原因有很多，主要是現在社會風氣不好，負面新聞層出不窮，如助人者反被訛詐等，所以我們面對求助時，會本能地心生防備，生怕引發後續問題，結果慈悲就被各種擔心取而代之了。此外，相對於幫助流浪動物來說，幫助人通常更複雜，難度也更大，當慈悲不夠強大時，就會有幫什麼不幫什麼的分別。比如同樣是幫動物，多數人會幫貓而不會幫老虎，因爲幫後者太難了，必須能力很強的人才幫得了。

但慈悲心是可以培養的。我們要從緣起的立場，看待並理解人的一切差別。比如我們不喜歡的那些人，性格扭曲甚至道德敗壞的那些人，他們之所以會那樣，是來自長期的累積。事實上，他們自己就是不良心態和品行的最大受害者，然後才波及他人。我們要在理解、接納的前提下，不斷修行慈悲心。一開始可能不太容易，需要說服自己去做，隨著慈悲心的增長，就會主動承擔。從另一方面來說，這麼做也是在散播慈愛，總會有人受到感染，同樣地回饋你，招感和諧友好的社會環境。一旦大環境好了，互幫互助就是自然而然的，不必有多餘的擔心。

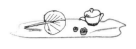

建立那樣的社會，需要大家共同努力。

磨刀不誤砍柴工

問：我的工作忙碌，還是發願做義工組織，因而空閒時間很少。雖然我對三級修學的次第很感興趣，但苦於沒有固定時間修學，請問能不能自學？此外，我做的是面對社會的義工組織，以年輕人爲主。大家都忙，發心和愛好也不一樣，怎樣才能引導大家做好義工行？

答：關於修學，第一，學總是比不學好；第二，有次第地學比隨便學效果更好；第三，參加三級修學的氛圍肯定比自學好。你可以根據自身條件來選擇。其實忙不忙是相對的，你覺得什麼更重要，就會有時間做什麼。

關於義工組織，不論是佛教界還是社會上的，只要做有益大眾的事，意義都一樣，關鍵是怎麼做得有效，做得長久？有效體現在兩方面，一是自己做得歡喜並得到提升，二是讓參與者和受助者都能得到眞正的幫助。長期而言也體現在兩方面，一是目標明確，心行穩定，二是能否讓做事成為修行，從而源源不斷地提供動力。

如何才能有效、長久地自利利他？要看你所發的是不是純粹的慈悲心，也要看你是不是有智慧引導，能不能善巧處理問題。這就必須提升自己，當我們透過學佛增長慈悲和智慧，進而將此帶入義工團隊，引導大家調整發心，並在智慧指引下做事，義工行必然更有品質，更有意義。這本身就是對團隊的滋養，可以增強凝聚力。很多義工團隊做不下去，主要出在思想不統一，做事效果也差強人意，自然就越做越沒感覺。我們既然發心做有益社會的事，一定要注重自身素養，修學其實是磨刀不誤砍柴工。

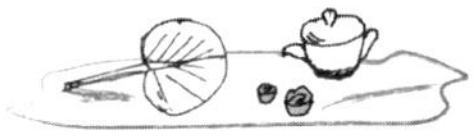

工作即修行

用緣起智慧和利他心做管理

問：如何將佛法引入企業文化？怎麼把這種智慧用在管理中，而不是被管理所累？

答：現在不少企業是老闆文化，老闆有什麼想法，就有什麼樣的「文化」。爲什麼要倡導企業文化？因爲企業管的是人，人的問題在心，所以眞正要管的是人心。如果沒有文化，是無法凝聚人心的。如果把智慧文化帶到企業之中，透過閱覽室、讀書會等方式，讓員工有機會接受佛法薰陶，建立正確的價值觀，培養向善之心，不僅有益於員工的自身成長，管理起來也會更輕鬆。

身爲管理者，緣起法和利他心特別有幫助。如果了解到企業是眾緣和合的，同時多一些無我利他之心，就不會以個人的感覺和利益爲中心。如果是後者的話，最後用力的只是少數人，不僅做起來非常辛苦，也會被成敗得失所累。日本企業家稻盛和夫就是以佛法指導企業管理，讓員工充分發揮自主，成就了兩家世界五百大企業。所以，我們不要把企業當作「我執」的延伸，而要本著服務大眾的心，建立一個開放的平台，把工作和利益儘量下放，讓大家在這裡共創共贏，就能做得更自在。

正確發心，善用其心

問：如果說生命的意義在於自覺覺他，那我們現在的工作學習、成家立業、參與社會競爭，到底有沒有終極意義？我覺得自己內心充滿對重要感、優越感和掌控欲的追求，但同時也爲此煩惱。到底應該以什麼心態對待人生追求？

答：從世俗的角度看，凡有助於過好日子的所作所爲都是有意義的，比如工作賺錢、成家立業。當然這只是相對的意義，並不究竟。對這個問題，佛法有兩種不同看法。從解脫道的角度看不到世俗生活的意義。所謂追求，無非是以迷惑煩惱爲基礎，做種種事以滿足貪瞋癡的需要。在這種惑業苦的輪迴中，不論做什麼都是無謂的。即使能改變外在條件，也不能改其痛苦本質；即使能有所得，也是朝不保

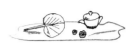

夕的。

但從菩薩道的角度，並不否定世俗生活的價值，而是賦予其新的內涵。如果我們帶著利他心和正念工作，不僅可以生存、養家，還可以造福社會。更重要的是，如果用心到位，工作也會成爲修行的一部分，以利他培福，以正念修心。禪宗就特別重視生活的修行，從穿衣吃飯到搬柴運水都是道用，而不僅僅局限於誦經、坐禪等特定形式。所以關鍵在於自身心行。一方面要正確發心，定位於自利利他，而不是爲了滿足自己的重要感、優越感和掌控欲；一方面要善用其心，時刻帶著正念做事，同時透過做事來訓練正念。只要做到這兩點，工作、生活和究竟意義並不矛盾。

把修行帶入工作和生活

問：回到世俗生活後，要面對工作、家庭的種種責任，怎麼保證所做的這些成爲修行？我們還是凡夫，心常常會隨著境轉，甚至被轉的時候還不知不覺，怎麼才能保持覺知？

答：入世的修行，首先要發菩提心，這是幫助我們確立人生的目標和方向。帶著菩提心做事，和本著自我需要做事，雖然做的事情可能是一樣的，結果卻完全不同。從自我需要出發，成就的是世俗心；而帶著菩提心做事，成就的是慈悲，同時可以弱化我執，增長智慧。其次是有佛法正見，這直接關係到我們能否把做事變成修行。如果沒有正見，我們往往會順著固有習慣，用錯誤觀念和不良情緒待人處事，每件事都會成爲煩惱的增上緣。反之，一切問題都能成爲解脫的增上緣。至於在面對境界時怎麼保持覺知，先要學會方法。這次靜修營有禪修體驗，大家了解相關原理後，要把這種方法帶入生活。但更重要的是反覆訓練，時時培養。其實方法並不難，難的是持續、穩定地保持專注，讓這種覺知遍及一切時一切處。我們內心有很多錯誤習慣，相對於這些根深柢固的慣性，剛剛培養的覺知力很弱小，必須抓緊一切機會練習，才能逐步糾正固有慣性，培養正確的心行習慣。

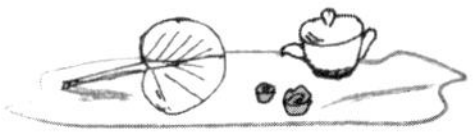

職業不如法怎麼辦

問：我們是以捕魚爲生，平時會到各地寺院做佛事，透過打水陸、普佛、誦經來消業，這樣做如法嗎？

答：職業和信仰的衝突，是個現實問題。尤其在特定地區，某些職業是祖祖輩輩的傳統，選擇相對較少。學佛後了解到這麼做的果報，究竟該怎麼辦？取決於你的認識和信仰深度。如果眞正認識到，自己爲了生存和利益造下很多殺業，讓眾生失去生命，自己將來也要承受苦果，實在得不償失，就應該重新選擇正命的職業。就像有個工作嚴重危害身體健康，你還會繼續嗎？人之所以對某些犯戒的工作放不下，主要還是對其中的危害認識不足，心存僥倖。事實上，因果是絲毫不爽的。當然在無法改變職業的情況下，透過做佛事來彌補，總比不彌補要好。但如果有條件改變，還是應該選擇符合法律和戒律的職業。因爲職業是天天做的，一做幾十年，不善業就這麼日積月累，不斷增長。

慈悲生禍害

問：學佛後心態變得平和，但同事知道我在學佛，反而有恃無恐地欺負我。這使我起了瞋心，又用原來的方式處理問題，反倒見效很快。我感到很困惑，這種情況該怎麼辦？

答：用世間方式處理問題，雖然現象暫時平息了，未必能從根本上解決問題，有時還會帶來副作用。從自己來說，容易增長瞋心；從對方來說，則會引發對立，於人於己都沒好處。如果已經學佛，就要用智慧去化解。佛法讓我們心態平和，慈悲待人，但並不是教我們軟弱，更不是沒有原則，否則可能會引發對方的不良習氣，也是不對的。我們應該本著慈悲心，基於相關規則，心平氣和地和大家溝通，必要時也可以適當懲罰。但這麼做不是出於瞋心，而是幫助他做得更好。有句話說「慈悲生禍害」，指的就是這種沒有原則、缺乏善巧的「濫慈悲」，這其實是對不良習氣的縱容。

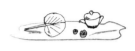

生死和無常

長壽和安樂死

問：我是研究生命科學的，經常去癌醫中心，看到很多病人遭受疾病折磨。現在不少科學家在研究長壽飲食，希望找到讓人活得更久的方法。事實上，雖然科技使人的平均壽命達到七十多歲，但眞正健康的年齡只有五十多歲，此後的生活品質並不高。那麼這種讓人活得更久的科學研究有意義嗎？此外，佛教怎麼看待安樂死？如果有人得了無法醫治的重病，活著痛苦不堪，只是耗財耗力，選擇安樂死算自殺或殺生嗎？

答：活到七十歲還是一百歲，甚至一千歲、一萬歲，終究要面對生死，不過是早晚的問題。那麼，活長一點的意義在哪裡？關鍵在於我們怎麼使用生命。如果爲了活著而活著，甚至痛苦、沒有意義地活著，其實長點還是短點，從本質上說差別並不大。當然每個生命都有生存的希求，從自身和家人的感覺來說是不一樣的。佛教認爲人身難得，在於用它來止惡修善，自利利他。如果能用好這期生命，壽命長一點，就意味著我們有更多的修行時間，更能利益眾生。從這個角度說，壽命長短，對自身和對社會的意義確實不一樣。

關於安樂死，從聲聞戒的角度，不論在什麼情況下都不能殺別人，也不能自殺。但身爲菩薩，如果看到有人非常痛苦，懇請菩薩幫助他結束生命，菩薩爲了避免他承受這麼重的痛苦，願意自己承擔殺生的果報來成全他，從菩薩戒的角度來說不算犯戒。

化悲痛為力量

問：父親在兩年前午睡時突然過世了，母親常常淚流滿面說：善有善報，爲什麼善良的父親這麼年輕就一聲不吭走了？我也一直活在強烈的自責中，覺得自己一直沒有完成父親的心願，也沒有照顧好他。如何排解母親和我的痛苦？

答：人人都希望家庭美滿、父母長壽、兒女孝順，但世間的因果非常複雜，包括今生

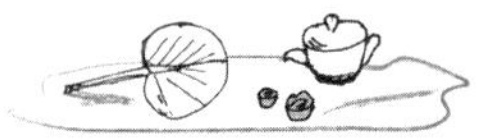

和往昔的業力。生命因此充滿了無常變化，不是我們希望怎樣就能怎樣的。事實上，死亡是每個人都要面臨的。佛世時（編按：指佛陀在世教化的時代），有個孩子夭折了，他母親非常難過，抱著屍體到處求人，希望把孩子救活。經人指點去到了佛陀那裡，佛陀對她說：只要你找到一戶從沒死過人的家庭，問他們要一點芥子，我就能把孩子救活。這位母親以爲終於有救了，結果問來問去，發現所有家庭都曾死過人。最終，她在佛陀開示下認識並接納了無常。

有人覺得學佛是爲保平安，使一切順利。其實從修行角度說，順境不一定比逆境更好。順境容易讓人心生貪著，逆境反而能讓人看到世間眞相。學佛的關鍵是習得智慧，讓我們有能力接納各種問題，得意時有平常心，失意時還能有平常心。而不是像我們期待的那樣，一切都能天長地久，那只是幻想而已。不僅父母會離開世界，我們也會離開世界。不用一百年，在座所有人統統不在了。認清無常的道理，在接納家庭變故的同時，才知道自己該做些什麼。悲痛是可以理解的，但只有化悲痛爲力量，珍惜人身，抓緊今生的時間修行，才是對自己和亡者都有利益的，才能眞正告慰亡者。

無常讓我們更珍惜

問：我們家一直與人爲善，別人有需要而我們能幫忙時一定幫，但這兩年中，父親、奶奶、爺爺相繼去世了。爲什麼他們走得那麼快？我一直有些困惑，也沒從中走出來，應該怎麼看待這些？

答：每個生命都有他的因果，我們在無盡輪迴中走到一起，也是有緣分的。但緣起甚深，今生的壽限和緣分的長短，很多是往昔業力決定的。也就是說，與人爲善雖然是造善業，但未必能馬上看到結果，也未必今生就能長壽。我們希望家人團圓，天長地久，這是人之常情，但業果並不隨著我們的期待轉移。

學佛就是幫助我們建立無常的認識，從而接納一切變化，包括自己和身邊的人。他們會離去，我們也會離去，乃至地球也終有一天要毀滅。在這個世間，唯一有意義的就是提升生命品質，最終走向覺醒。我們現在得到人身，可以聞法修行，

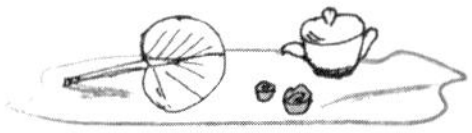

是極其難得的機會，是多生累劫善業招感的，每一天都非常珍貴。如果不好好珍惜，不用來精進修行，轉瞬就是來世，我們還有把握得人身、聞正法嗎？無常時刻在發生，死亡則是生命的唯一終點，這都在提醒我們珍惜人身，用好這個難得易失的機會，使未來生命生生增上。

算命不如做好當下

問：民間流行算命之類，法師曾說，這種事雖不能全信，但也不完全是迷信，究竟應該怎麼看待？尤其是遇到逆境時，很想知道什麼時候可以轉運。

答：佛法以因緣因果說明萬物的發展規律，包括產生、存在和消失。既然有規律，就是可預測的。從這個角度說，算命並非子虛烏有，自有它的道理，關鍵在於算得準不準。這就涉及兩個問題，一是採用的方法是否有效，就像探測礦藏，儀器的靈敏度和準確性非常重要；二是使用者的技術是否過關，如果學藝不精，就會誤判。

佛法不主張算命，而是讓我們「因上努力，果上隨緣」。命運是一種結果，是自身業力招感的，既然是自己造成的，就應該坦然接納。至於什麼時候轉運，並不是靠算出來的，而是取決於你有沒有轉化的智慧。如果能以智慧看待，逆境正可以讓人警醒，策勵精進，是生命成長不可或缺的增上緣。從另一方面來說，我們想要有美好的未來，就要了解每種樂果的因是什麼，比如身體健康的因是什麼，人格健全的因是什麼，人際關係和諧的因是什麼，然後從因上努力。生命是無盡的累積，無窮的過去以現在爲歸宿，無盡的未來以現在爲開端。我們現在想什麼，做什麼，決定了未來會成爲什麼，所以關鍵是把握當下。做好當下該做的，未來自然是好的。

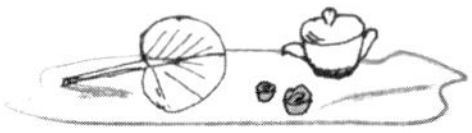

對傳統的反思

問：法師曾寫過〈漢傳佛教的反思〉，您爲什麼想到要反思傳統？

答：傳統有著巨大的力量，尤其是宗教傳統，力量更爲強大。但在今天這個資訊發達的時代，我們除了看到漢傳佛教的傳統外，還能看到印度佛教早期、中期、晚期的傳統，看到南傳和藏傳佛教的傳統。當我們有了廣闊的視野，會發現傳統並不是唯一的，而且以往傳承的並不全是優良傳統，也夾雜著陳規陋習。

佛法弘揚強調契理契機。契理是立足於佛法根本精神來弘揚，否則就會像印順法師所說的那樣：有人賣牛奶時加了一點水，買主再加點水賣給別人，對方再加點水賣給下一位，如此輾轉，牛奶就漸漸稀釋爲水了。佛法在向外傳播的過程中，會不斷受當地的文化、習俗、社會等因素介入，逐漸變得面目模糊。這就需要正本清源，回到佛法正道，知道哪些是佛法的眞正核心。同時還要契機，換句話說，就是要現代化，要與時俱進。事實上，佛法在任何時代的弘揚都經歷了當時的現代化，南北朝有南北朝的現代化，唐朝有唐朝的現代化。如果沒有這項轉化工作，人們接受佛法時就會產生隔閡。所以，我們今天不僅要從源頭繼承佛法，也要根據時代的特點，建立契合當代的佛法修學體系。這是我反思傳統的初衷，這種反思並不是爲了批判，而是爲了做好傳承和弘揚。

用智慧讓世界變得更好

問：我學電視編導專業，很關心文化傳播，感覺世人對佛教存在很多偏見，這種偏見始於何時？當前弘法的阻力是什麼？如果佛法得到傳播，世界會變得更好嗎？

答：佛法傳入中國二千多年來，早已成爲傳統文化的重要部分，但始終伴隨各種偏見。其中既有文化的差異，也有佛教自身的問題。比如認爲佛教悲觀、消極、出世，是因爲漢傳佛教沒能積極彰顯大乘精神，落實菩提心教法；認爲佛教宣揚迷信，是因爲教界弘法力度不足，以及各種文藝作品的誤導。除了既有問題，當

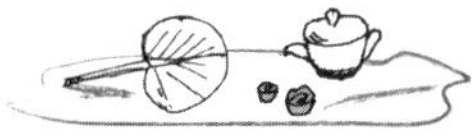

代佛教經歷十年浩劫的摧殘，又在商業浪潮中迅速發展，難免魚龍混雜，亂象叢生。這些都阻礙了佛法的有效傳播。

雖然問題很多，但目前的傳播平台之多也是前所未有的。從這個角度看，現在又是最好的時代。而從社會需求來說，科技日益發達，人卻越來越找不到自己。當使用者存在問題，那麼工具越先進，潛在危險就會越多。事實上，人類目前正處在這樣的危機中。如果說科技是改造世界的工具，那麼佛法的作用恰恰是在提升工具使用者。只有提升全人類的道德感和責任心，世界和平才有保障。佛法能引導我們認識自己，塑造健康的心態和人格。這樣的智慧如果得以傳播，世界一定會變得更好。我們要看到佛法的普世價值，善用網路等平台，在自我成長的同時造福社會。只有讓更多的人點亮心燈，世界才有光明和希望。

讓佛法落地生根

問：我們當地的佛教徒很多，但以迷信爲主，沒有形成修學風氣。如何才能盡一份心力，引導他們走上修學之路？

答：佛教徒中確實存在很多迷信現象，尤其在農村和相對偏遠的地區，這種情況更普遍。佛法傳入中國以來，在隋唐達致鼎盛後，逐漸走向衰落，並出現鬼神化、來世化、神祕化等陳規陋習。佛法本身是有文化深度的，但從信眾素質來看，似乎沒什麼文化，或是不需要文化。這種反差讓人感慨，也說明了弘法和教育的重要性。

佛法在弘揚過程中出現了兩個階層，一是精英階層，如高僧大德和文人士大夫；一是民俗階層，如求求拜拜的廣大信眾，僅僅把信佛當作保平安、得加持的途徑。走精英路線，佛法就會曲高和寡，難以接引普羅大眾；走民俗路線，又會偏離修行根本，無法使佛法智慧眞正發揮作用。

我們弘揚人生佛教，就是要打破兩者的界限，讓高深的佛法回歸生活，爲現實人生服務。佛法雖然博大精深，但修行重點就是我們的心。站在這一角度，會發現佛法和人生息息相關，並不是現實之外的形而上的抽象理論。經由靜修營這幾天

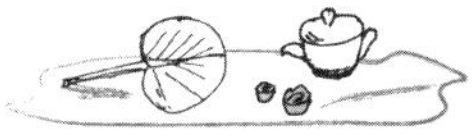

的講座，大家多少能感受到佛法對人生的價值，對社會的意義。但要使之發揮更大作用，還需要大家共同推動。今天的社會可能比任何時代都需要佛法，因爲現代人的煩惱更多，壓力更大，活得更累。希望大家都能發菩提心，透過修學受益後，把智慧文化傳播出去，這不論對個人還是世界都意義重大。

以利他心而不是功利心傳燈

問：學佛後，感到佛法對自己幫助很大，法喜充滿，很想分享給身邊的朋友，以此幫助他們。但因爲工作原因，不方便直白地表達，在這種情況下，怎麼做好傳燈？

答：我們從佛法受益了，希望幫更多人受益，是很好的發心。但怎麼和他人分享，確實要找到適合的方式。開始接引時，可以去宗教化，從人生智慧入手。現在不少人轉發我們在微博、微信發布的禪話，如果對方有了興趣，可以給他們結緣人生佛教小叢書，由此逐步引導。此外，親友同事有煩惱時，如果能以佛法引導他們轉變觀念，排憂解難，直接從運用層面切入，也會收到較好的效果。

需要注意的是，在做的過程中要帶著純粹的利他心，而不是功利心，不要想著馬上讓對方認可佛法，加入修學，更不能抱著把對方搞定的心理。我們點燈傳燈，目的是幫助他人，但前提是他有這個需要。至於他能不能接受，進而於法受益，關鍵還在於他的意樂。我們只是一個助緣，起到引導的作用。所以，盡力做好自己能做的就行。

以關心打動人心

問： 我學佛四五年了，希望讓朋友們受益，但他們不信因果，也不信輪迴，覺得死後去哪裡都無所謂，反正也不知道。對於這樣的情況，應該怎麼引導？

答： 首先隨喜你有一份利他的心。不過每個人的根機和教育背景不同，我們認為好的東西，對方未必願意接受。所以不要帶著讓人接受的心去說，而要本著理解和關心，針對他們現有的問題，提供佛法的解決之道。很多人雖然不信因果和輪迴，但人生一樣有煩惱，也希望活得更幸福。可以以這個為前提，分享自己怎麼解決

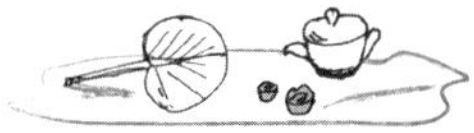

煩惱，調整心態。透過自己的爲人處世，讓他們看到學佛人有智慧、有慈悲，是值得信賴的。這種眞實轉變最能打動人心，教化作用往往比說點什麼更直接。一旦對方有興趣了，再給他送一些人生佛教的書。

當你的立足點不一樣了，對方是能感受到的。很多人成年後思維僵化，難以接受和固有認識不同的思想，但願意接受他人的關心，所以切入的角度很重要。當然，我們並不是爲了分享佛法才去關心別人，那就本末倒置了。而是爲了利他，才和對方分享佛法。其中的關鍵就在於「眞」，一是自己有眞實轉變，二是眞心關愛他人。

佛法能解決社會問題嗎？

問：佛教注重改善自心而覺醒，這是一個深奧的話題。但社會底層的人還在爲缺乏基本的物質和尊重而痛苦，對於種族歧視和貧富差距等問題，佛法是怎麼看的，有沒有解決之道？

答：佛教始終倡導消除歧視。印度傳統宗教爲婆羅門教，婆羅門教已有三千多年歷史，依種姓把人分爲四等：第一等是負責祭祀的婆羅門，第二等是管理行政的剎帝利，第三等是從事商業的吠舍，第四等是身爲賤民的首陀羅。這種差別流傳至今。而佛教的沙門集團在當時是以反婆羅門教出現的，提倡四姓平等，乃至眾生平等，正是爲了消除這種不平等現象。婆羅門教是神本的，認爲吠陀天啓，祭祀萬能，一切都以神爲中心。但佛教提出業力思想，認爲人的貴賤不是因爲出生、種族、血統，也不是因爲職業和地位，而是取決於自身行爲。你的行爲高尚，你就是高尚的；你的行爲低賤，你就是低賤的。

業力思想貫穿三世，由過去的言行和想法構成今天的存在，又由現在的所作所爲決定未來。所以佛教認爲命運是自己造成的，我們想要美好的人生，就要多種善因，廣結善緣。這是解決種族歧視和貧困差距的根本。如果沒有這樣的認識基礎，社會問題是無法根治的。這種歧視解決之後，新的歧視又會出現。在現實問題上，佛教倡導無緣大慈、同體大悲的特質，身爲大乘佛子，應該以解決眾生痛苦爲己任，透過利他努力實踐，包括心靈慈善和物質慈善。

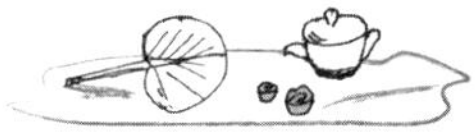

努力做就是了

問：法師說過，因爲始終有一份弘法的願心，才會不斷感召善緣。那有沒有某個時刻做事很困難，有做不動的感覺？

答：可能因爲我對結果不太執著，所以在做事過程中，一直沒覺得有特別大的違緣，也沒覺得特別困難。從佛法角度看，任何事的成敗都要遵循因緣因果。不論個人修行還是弘法利生，能做的就是建立正確因緣，同時也接納一切結果。修行本來就不容易，而要幫助大眾從迷惑走向覺醒，涉及眾多因緣，更不容易。如果做不好也是正常的，做好才是反常的。我也一直在做這樣的探索，努力改善因緣。在此過程中，看到自己一點一滴的進步，看到很多人在三級修學中成長，都是很歡喜的事，所以不會做不動。

三級修學

三級修學是共同創作

問：法師怎麼想到要建立三級修學體系？這對學佛有什麼幫助？

答：這和我長期以來的弘法思路有關。我從一九九〇年代開始弘法，從人生佛教出發，希望以此解決現實問題，比如佛法怎麼看財富、看環保、看幸福等。「人生佛教」系列叢書，代表我長期以來的思考。佛法確實能解決社會人生的問題，所以我才不遺餘力地傳播。

但佛法博大精深，每個法門都有不同的經典和修行方法，究竟怎麼學？關鍵在於目標明確、方法正確。首先是目標明確，清楚初級、中級、高級分別學什麼，學到什麼程度，所以要設立量化指標，而不是籠統或零碎地學點什麼。其次是方法正確，從緣起法來說，任何結果都來自因，只要找到正確的因，在因上努力，結果是水到渠成的。此外，有效引導和良好氛圍也是不可或缺的。基於這些因素，

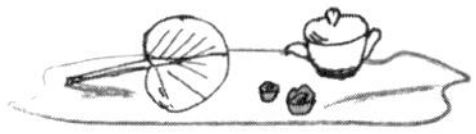

我們逐步形成了三級修學體系。

做的過程就像創作，不是我一個人在探索，而是所有的義工和學員在共同創作。

我們的產品既是這個平台，也是其中的每個學員。從某種意義上說，人也是一種產品。不同的觀念、言行、心態，最終會造就不同的生命特質。現在整個社會強調發展，但大多是追求物質的發展。其實對每個人來說，更重要的是發展出什麼樣的生命特質，這才是人生最重大的事。三級修學正是建立在這個核心之上，讓大家透過修學一起成長。

修行要抓住重點

問：法師提出了修學五大要素和三級修學次第，這個體系的終極關懷是什麼？最後把我們引到哪兒？

答：現代社會資訊發達，這本來是學佛的方便，但選擇太多又缺乏判斷能力時，反而會造成困擾。當我們面對的不是一宗一派，而是南傳、漢傳、藏傳三大語系的無量法門，以及種種不同的見地和修法，或是覺得彼此矛盾，不知如何抉擇；或是覺得都有道理，抓不到要領。事實上，這都是修學的障礙。

如何快速把握佛法綱要？我在修學中發現，千經萬論都是指向兩條道路，一是解脫道，一是菩提道。兩者從起點、修法到目標都有明確指向。解脫道是以出離心為基礎，引導我們走向解脫。菩薩道是以菩提心為基礎，不僅自己解脫，還要帶領眾生走向解脫。不論走哪條路，不外乎皈依、發心、戒律、正見、止觀五大要素。以這些核心為基礎，就知道每個階段要掌握什麼，達到什麼目標。

至於這條路把大家帶到哪裡，其實就是回歸佛陀出世的本懷。本次靜修營的主題講座，是從四諦法門認識佛法的修行綱領。佛陀要把眾生帶到哪裡？就是把眾生帶上解脫之路，覺醒之路。我們學佛，就是沿著佛陀指引的路線前行。

磨刀不誤砍柴工

問：三級修學的特色是什麼？我是學淨土法門的，如果參加三級修學，如何處理好兩

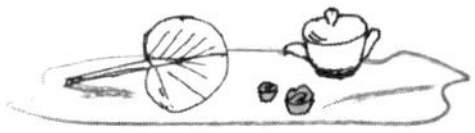

者的關係？

答：學佛是從迷惑走向覺醒，這個過程要有次第、有方法、有氛圍。我們有一套八步驟三種禪修的方法，按照這些步驟，可以在深入理解法義的基礎上，將此轉化成自身觀念，從而擺脫不良心態，重複和強化正向心態，最終把佛法智慧變成自己的生命特質。只要用心去做，貪瞋癡就會日漸減少，正念、觀照力、慈悲心也會逐漸強大。這個過程不僅要下功夫，還要眞誠、認眞、老實。否則法是法，我是我，學得再多也難有眞實受用。

淨土法門很玄妙，但要把阿彌陀佛念得有力量，其實並不容易。首先要有願離娑婆的出離心和利益眾生的菩提心；其次要具足正見，認識到人生如幻、輪迴是苦，還要認識到阿彌陀佛具備的無量功德。在此基礎上念佛，才能念得有力。不少人雖然在念佛，卻有口無心，對極樂世界的信願行不足，大部分時間還是在塵勞妄想中，怎麼可能修得好？

透過三級修學，可以把握佛法綱要，對三寶具足信心，發起眞切的出離心和菩提心，這些對修習淨土都很有幫助。至於處理關係，其實兩者並不矛盾，主要是時間的安排。從眼前看，參加修學需要投入時間，似乎念佛時間會減少。其實所謂「磨刀不誤砍柴工」，有了心行基礎以後再來念佛，就能事半功倍。

這幾天從早到晚都有活動，日程安排得很緊張。大家從原來懈怠放逸的凡夫心狀態，進入有規律的修行生活，可能挺辛苦的。但看起來每個人都法喜充滿，想必已經得到法的滋潤。即使這樣，也不可能在短短幾天內解決所有問題，關鍵是未來繼續修學。否則，即使解決了幾個問題，依然會有無量問題。現代人解決問題的能力很強，製造問題的能力更強。如果不從根本解決，問題將層出不窮，包括人生的問題，也包括修學的問題。

學佛並不是向外求，重心在於每個人自己。寺院的存在價值，也是幫助大家找回自己。我們今天坐在這裡，是多生累劫的福德因緣。更重要的是，回去後繼續將佛法落實到生活乃至生命中。大家在這裡有良好的感受，離不開寺院的清淨環境和法師們的悉心引導。回到社會上後，內在躁動加上外在干擾，修學就會特別困

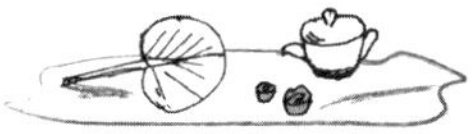

難。很可能，這幾天的美好生活就成爲一去不復返的回憶。最好的辦法就是加入三級修學，不僅有引導，有次第，還有一群夥伴共同營造出來的氛圍，這是我們在菩提路上繼續前行的保障。

7

與企業家的問答集

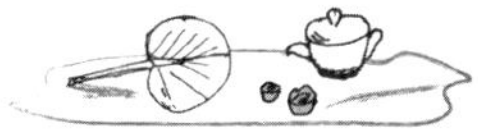

本文根據法師近期幾次講座中的問答整理而成，順序按內容做了調整。

走入佛門

佛陀的修行和證道

問：釋迦牟尼佛是人還是神？他是怎麼成佛的？佛教傳入中國那麼多年，那麼多人修行，有沒有記載誰成佛了？

答：佛陀意爲覺者，是證悟生命眞相的覺悟者，不是神，是由人修行而成的。佛陀在成道後告訴我們：每個生命都有佛性，都能透過修行成佛。所以佛教認爲人的身分特別可貴，只有人才具備修行的能力和機會。關於佛陀的成道歷程，《本生經》有大量記載。所謂本生，是講述佛陀在成就之前，生生世世修習菩薩道的經歷。本生部也是佛經的重要體裁，爲三藏十二部之一。此外，歷代都有各種佛傳流傳。我在《走近佛陀，認識佛法》系列講座和書籍中也做了介紹。佛陀的成就不只是這一生，而是多生累劫修習悲智二德，今生只是在這些積累上的最終圓滿。

佛教傳入中國以來，雖然沒人成佛，但祖師們透過修行明心見性，所證悟的空性智慧，和佛陀所證是無二無別的。只是在修行功德上沒有那麼圓滿，無法和佛陀相比。就比月亮，從初一的新月，到初五、初十的月亮，再到十五的滿月，圓滿程度是不同的。

問：佛陀是怎麼度化眾生的？如果每個人都有慧根，最終都會得度，未來世界會是怎樣？

答：佛陀有三種身，分別是法身、報身和化身。法身代表宇宙最高眞理，是不生不滅的。佛陀之所以成佛，是因爲證悟了究竟的法身。佛陀在世間示現的是化身，這和眾生的因緣有關。當眾生因緣成熟，佛陀就會出現於世，說法度眾，這就像千

江有水千江月。這是一種自然感應，並不是像常人那樣，想著去什麼地方，去幫助誰。如果他想著我要去幫助這個或那個，世上千千萬萬的眾生憶念他，是忙不過來的。

至於第二個問題，雖然佛陀發願救度眾生，希望眾生從迷惑走向覺醒，但眾生無量無邊，其中有三種人是不能度化的，即無緣者不度、無信者不度、無願者不度。說到成佛後的世界，有人可能以爲，成佛後都如塑像般端坐不動，所以才有那樣的擔心。其實，佛陀是代表覺醒的生命，充滿智慧和慈悲，既有廣大的願力，也有無限的能力。如果眾生最終都能得度，都能成佛，那世界就是清淨莊嚴的人間淨土。

念佛是為了見賢思齊

問：我學佛不久，聽人說念觀音聖號可以增長福報。我願意參加公益組織來幫助他人，但無法理解念佛的意義。

答：願意做慈善公益，這種發心當然很好，這和念觀音菩薩並不矛盾。很多人信奉觀音，卻停留於求求拜拜。事實上，眞正的信仰應該是向觀音菩薩學習，成就菩薩那樣的大慈大悲。我曾應邀到上海復旦大學舉辦的慈善論壇講座，主題是「讓愛心更有力量」，參與者是來自全國各慈善團體的負責人。爲什麼要舉辦這個論壇？因爲很多人開始做慈善時很有幹勁，漸漸地就感覺力不從心，甚至做出種種煩惱來。原因固然很多，但關鍵在於他們不清楚慈善的本質是什麼，核心價值是什麼，只是憑著一腔熱情在做，容易後繼乏力。

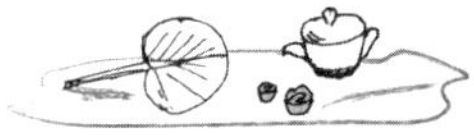

可持續的慈善行，一定來自慈悲大愛。如果認識不到慈悲的價值，不是從慈悲出發去做，付出後就會希望得到回應，或是得到社會認可。中國目前又缺乏支持慈善的大環境，一旦看重外在效果，是做不長久的，煩惱也在所難免。慈善的源頭活水在哪裡？其實就是慈悲。如果我們培養並具備慈悲心，就可以源源不斷地爲慈善提供能量。套用一句現在的話來說，做多少是能力問題，做不做是發心問題。

我們念觀音聖號，目的正是向菩薩學習，培養慈悲大愛。當心行和菩薩相應，不僅可以得到加持，最終還能成就菩薩那樣的特質。所以這種念並不是祈求什麼，也不是一種外在形式，而是提醒自己見賢思齊，以菩薩爲榜樣，像菩薩那樣去做公益，利益眾生。

如法受持三皈五戒

問：怎麼才能如法地受持三皈五戒？在寺院敬香有什麼內涵？

答：皈依是代表對人生目標的選擇。我們在世間不斷努力，內心卻依然有種種迷惑、煩惱、痛苦。如何找到生命意義？透過了解，我們對三寶生起信心，確定以佛爲榜樣，以法爲引導，以僧爲依止，然後在十方三寶前莊嚴宣誓，確認這個選擇。受戒則是皈依後奉行的行爲準則，最基礎的有不殺、不盜、不邪淫、不妄語、不飲酒五戒。當我們確信這種生活是健康的，有益身心和修行的，同樣要透過宣誓確認。這種確認將形成戒體（編按：即戒之體，或戒的本質，指受戒者接受戒法之後，產生一種防非止惡的功能），是走上覺醒之道的動力。相關內容，我在《皈依修學手冊》中有詳細介紹。

敬香是表達對佛菩薩的恭敬和供養，關鍵在於心誠。通常敬一到三支即可，儘量不要選擇化學香，不但會汙染空氣，對人體也有傷害。如果沒有高品質的香，以虔誠心問訊、禮拜、供花也很好。現在有些旅行業承攬寺院的進香團，爲創造收入巧立名目，搞了各種巨大的「高」香，燒得烏煙瘴氣，完全違背敬香的本意。此風不可長。

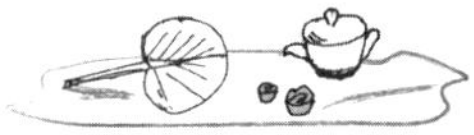

學佛需要引導和氛圍

問：怎樣才能有效學佛，提升自我修行？

答：今天的人學佛很不容易，原因出在佛法博大精深，此外也因爲很多寺院不重視弘法。所以多數人學佛就像逛超市一樣，今天拜拜這個師父，明天見見那個師父；今天念念《地藏經》，明天念念阿彌陀佛，缺乏系統引導。

學佛是從迷惑走向覺醒、從凡夫成爲覺者的生命改造工程。這就必須有引導，有方法，才能有次第地步步向前，把佛法智慧轉化爲自身觀念。過去我到處弘法，雖然不少人聽了覺得很好，但沒有後續服務跟上，不過是結個法緣而已。有鑑於此，我們建立一套三級修學模式，有完整的內容和方法，同時爲大家營造良好的修學氛圍，有志學佛的人可以和同修們相互切磋，彼此增上，而且性質是純公益的。實踐結果顯示，這套學習行之有效，歡迎大家來參與。

如理思維

何謂色空不二

問：怎麼理解「色空不二」？爲什麼「色即是空，空即是色」？

答：佛法中，色是指一切物質現象。我們過去認爲，物質現象是客觀存在的實體。但現代量子力學的研究發現，物質並不是實實在在的客體，其存在可能是波，可能是粒子，物質究竟是什麼，取決於觀察者。而佛陀早就指出，我們看到的一切都是因緣假相，離開條件和變化，並沒有恆常不變的實體。

至於佛教所說的空，並不是說沒有物質這個現象，而是否定我們在現象上產生的錯誤認識。「色即是空」說明，物質沒有恆常不變的實體，其本質是空性。「空即是色」則說明，雖然物質的本質是空性，但不妨礙緣起的顯現。在本質上，物質是空的；在顯現上，現象是有的，是爲色空不二。

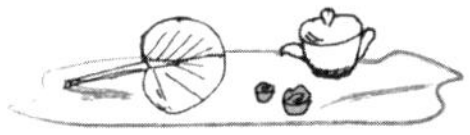

破除我執後有真我嗎？

問：怎麼理解佛典所說的「漏」？破除我執後，究竟有沒有眞我？

答：佛法所說的「漏」就是缺陷，來自生命內在的迷惑和煩惱，以我執爲根本。無漏是去除惑業後，生命呈現的圓滿、清淨和光明。佛法的所有修行，從戒定慧、聞思修、信解行證乃至八萬四千法門，都是引導我們解決有漏的狀態。

當我執被否定後，就能開啓覺醒的心。這是生命本自具足的，禪宗稱之爲本來面目，正所謂「菩提般若之智，世人本自有之」。在究竟意義上，這才是眞正的自己。但佛法沒用「眞我」的觀念，否則容易和凡夫設定的我執混淆。佛法強調的是假我、無我，以我們現前的凡夫狀態來說，最重要的就是否定對自我的錯誤認識，去妄自然存眞。

善惡終有報

問：怎麼理解佛教所說的「善有善報，惡有惡報，不是不報，時候未到」？

答：佛教認爲，善行會給生命帶來利益和安樂，不善行則會帶來傷害和痛苦。結果又分內外兩種，一是內在結果，即行爲帶來的當下感受，和由此形成的心理力量；一是外在結果，其產生取決於緣的成熟。比如有人做了不法行爲，不一定馬上會受到法律制裁，還要經過破案、起訴、判決等一連串過程。再如我們在地裡播下種子，也要陽光、水分等條件具足，才能開花結果。從善惡行爲到最終感果也是一樣。「不是不報，時候未到」就是告訴我們，當結果尚未出現時，並不代表沒有報應，只是時機尚未成熟而已。

內觀是什麼

問：內觀就是對心的觀照嗎？和禪宗有關嗎？應該怎麼修習？

答：內觀是南傳佛教的禪修方法，在用心上比較容易操作。相對來說，禪宗雖然見地高超，但對根機有要求，入手很難。所以我們在西園寺舉辦的「觀自在禪修營」中，將兩者做了銜接。從內觀的方法入手，再由這些基礎訓練導向禪宗的見地。

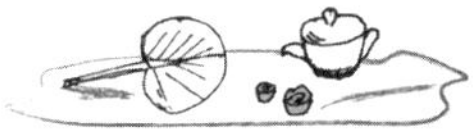

佛法修行是一套完整體系，由戒定慧三無漏學構成。內觀本身偏向技術層面，包括禪坐、經行等方式，重點是透過專注呼吸或某個所緣，訓練覺知，培養定力，是開啓智慧的途徑。這種修行並不是孤立的，必須透過聞思樹立正見，再由持戒建立健康生活，奠定心行基礎。如果缺乏正見和戒律，上了坐也往往樹欲靜而風不止，是修不好的。

發心利他

提升皈依的發心

問：法師說有三種皈依，下等是爲人天福報而皈依，中等是爲解脫而皈依，上等是爲自利利他而皈依。對發下等心者，如何引導他們提升發心？

答：發心不同，除了根機的差別，主要是對佛法的認識有深淺，這很正常。尤其初入佛門的人，難免帶著現世的功利心皈依，並沒有什麼不合理的。我們要理解這種選擇，再循序漸進，引導他們進一步認識佛法的價值。我在每一次傳皈依時，會儘量把這些問題講清楚，說明爲什麼要皈依，皈依的意義是什麼，佛法的不共之處在哪裡，讓參與者認識到：我究竟要的是什麼，哪種選擇更有價值。透過了解和思考做出選擇，是提升發心的方式。如果一時做不到，就要透過後續的修學來提升。發心其實是對自己的要求，不是一時興起，而是關係到生命盡未來際的選擇，這就必須建立在認識基礎上。只要認識到位了，發心自然會跟上，而且是穩定、持久的。

菩提心的發起與守護

問：發起菩提心之後，怎樣在生活中護持這一發心？

答：首先要確定，自己是不是眞的發了菩提心。這點非常重要。很多時候，我們會把「發菩提心」當作口頭禪，習慣性在嘴上說著，或是把發心的要求降低，隨便做點什麼都當作發心。這都不利於對發心的提升和護持。所以要認識到，菩提心

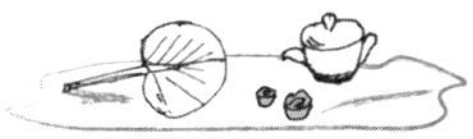

是生命內在的崇高願望，將「我要利益眾生，幫助眾生走向覺醒」當作生命的目標、方向和動力。我們的發心有沒有到這個程度？如果尚未達到標準，先要調整到位，然後不斷修習。願菩提心屬於世俗菩提心，必須時時提醒自己，否則是會退轉的。

關於這個問題，我特地編寫《菩提心修習儀軌》，希望大家將此當作日常定課，強化發心。更重要的是，在生活中帶著利他心去做每件事，對待每個人。因爲我們內心還有太多的想法、需求和執著，如果不提醒自己，不帶著利他心做事，這念願心就會因爲得不到滋養而被弱化。當我們不斷反覆練習成爲習慣，將這種眞正心行建立起來，到了任運自如的程度，就算想忘記都不行。

力量不足可以多發願

問：面對無法給予幫助的困境，比如市場中待殺的動物，或世界另一端的戰亂，如何才能保持內心平靜？

答：首先是發菩提心，祈願世界減少災難，眾生離苦得樂，要始終保持並強化這個願力，而不是在對境現前時才發願。其次要付諸行動，在能力允許的情況下盡力去做。當然，每個人的力量很有限，起到的效果也有限。如果確實已經盡力，就不必再糾結，否則不僅於事無補，還會讓心陷入困擾，於人於己都沒有利益。對任何事，我們都只是眾多因緣之一，未必能改變結果。雖然如此，我們仍要不斷傳遞愛和慈悲，讓更多人生起利他的願望和行動。只有共業改變了，世界的災難和痛苦才會減少。

能不能乘願再來

問：如果當下開悟，此世是我最後一世，是否就能乘願再來？

答：最後一世意味著已證悟阿羅漢果，了脫生死，不再輪迴，即佛經所說的「所作已辦，不受後有」。但對菩薩行者來說，雖然自己的問題已經解決，但無量有情還在輪迴中受苦受難，所以他們要繼續來世間度化眾生。所謂乘願再來，就是根據

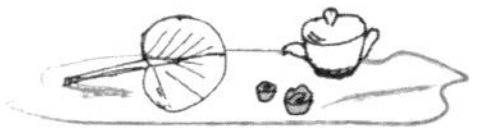

自己的願力回到娑婆，盡未來際地幫助眾生走向覺醒。至於能不能乘願再來，則取決於自己的能力和願心。

恆順眾生的前提

問：《普賢行願品》說要「恆順眾生」，是對眾生一味順從嗎？怎麼把握恆順的度？

答：「恆順眾生」是菩薩的修行，並不是一味順從，對方怎麼要求就怎麼做。眾生的想法形形色色，其中既有正當需要，也有非分之想。比如對方有不良嗜好，要賭博、吸毒；或是三毒熾盛，想違法亂紀，甚至傷害他人……如果隨順這些要求，其實是害了他。這就需要以智慧抉擇，確定對方的要求是合理的，幫助他能爲之帶去利益和快樂，包括眼前利益，也包括長遠利益。在這樣的前提下，就要隨順並幫助他們，並且傾盡全力，一以貫之，而不只是隨意地做點什麼。

出世亦入世，利他即利己

問：有了出離心，怎麼平衡出世和入世的矛盾？應該先修行證悟，再入世利他，還是邊做邊修？佛傳中，釋迦佛是先證悟再度眾生的，我們也應該走這樣的路嗎？

答：關於這個問題，佛法給了我們三種選擇。第一是只管眾生不管自己，事實上，當你真正做到「毫不利己、專門利人」時，本身就是最高的修行，是在修習慈悲的同時去除我執，成就智慧，前提是發心必須純粹。第二是在利他的同時也利己，沒有先後之分。這就必須把商場、家庭乃至一切對境變成道場，歷境練心，使自己在生活中保有智慧，在做事時保有慈悲。第三是自己修成了再去利他，所以先把一切放下專事修行。

釋迦佛今生的八相成道，屬於第三種示現。但要知道，佛陀的修行並不是這一生才開始的。無量劫來，他一直在修菩薩道，積累成佛資糧。如果沒有因地的基礎，就不會有今生的出家、降魔、成道。所以我們不能僅僅看到這一生，而要根

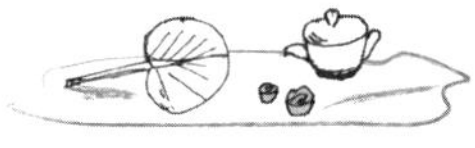

據佛陀的教法，也根據自己的因緣來選擇。不論選擇哪一種，最終都必須利益眾生，否則是不圓滿的。

智慧處世

學佛要放棄世間追求嗎？

問：修行要清心寡欲，生活簡單，那我們就不要努力工作嗎？不能追求更好的生活嗎？

答：很多人以爲學佛就要放棄世俗生活，甚至將之等同於出家。事實上，出家只是少數學佛者的選擇。打個比方，很多孩子學繪畫、鋼琴等才藝，目的是爲了提升藝術素養，並不等於將來一定要成爲畫家或音樂家。學佛的作用，是幫助我們改變錯誤觀念和不良心行，引導我們活得更有智慧，更慈悲去對待眾生。

在個人生活方面，學佛者確實要減少不必要的物欲，奉行簡樸、健康的生活。事實上，這也符合現在減碳的環保理念，是地球公民應盡的責任。我們不僅自己要生存，還要承擔相應的社會和家庭責任，這都離不開工作。在高度社會化的今天，工作也是利益眾生的途徑。一方面可以把職場當作道場，用來踐行佛法；另一方面可以在自己的崗位上，爲社會做貢獻，與眾生結善緣。

至於什麼是活得更好，除了基本的衣食住行，還涉及藝術素養、生活品味、興趣愛好等，不是簡單的買買買就能解決問題的。透過學佛懂得少欲知足，令心安住，幸福感就能隨之提升，不論現在的條件是什麼，都能過上更好的生活。

爭與不爭的選擇

問：佛教讓人與世無爭，那我們如何對待生活中的競爭？被人誤會後怎麼辦？

答：身爲在家居士，可以有正當的生活和事業追求。在合法合理的範圍內，競爭也能起到相互鞭策的作用，於人於己都有幫助。但源於貪瞋癡三毒的惡性競爭，往往會招致兩敗俱傷的結果，則是必須避免的。換言之，佛教對做什麼該積極、什

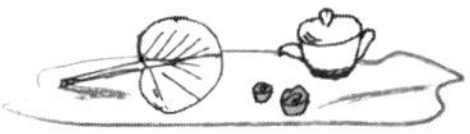

麼該消極是有選擇的，標準在於「諸惡莫作，眾善奉行」。對有利社會大眾的善行，要積極去做，反之則堅決制止。所以佛教是有所爲，也有所不爲，不是一概肯定或否定。

至於被人誤解後的應對，根據《瑜伽菩薩戒本》的「不護雪譏謗戒」，如果菩薩被人誤解後不去辯解，也屬於犯戒。爲什麼這樣？因爲你不主動化解的話，對方就會繼續誤會你，心生不滿，甚至糾結、痛苦，也是不慈悲的表現。所以菩薩行者面對這些問題時，必須坦誠溝通，打開對方的心結。

隨緣還是進取

問：對想要的東西，應該主動爭取還是等著它？如果它不來的話，是不是緣分未到？

答：關鍵看你想要什麼，如果屬於正當需求，就可以爭取。佛法認爲一切事物都由因緣和合而成，但因緣並不是偶然的，不是天上掉下來的，還需要主動創造。對於想要的，先得盡到自身努力，而不僅僅是被動等待。古人的「謀事在人，成事在天」也是同樣的道理。當然在佛法看來，這個「天」並不是由老天爺做出決定，而是提醒我們，有些事並不完全取決於個人，還涉及社會、環境等諸多因素，不是把自己的部分做好，事情就一定能成。

在做的過程中，不論出現什麼結果，我們都要心平氣和地接納它，所謂「因上努力，果上隨緣」。但接納不等於放棄，隨緣不等於隨便。真正的隨緣是審時度勢，看清現前因緣，找到努力方向。有時我們努力了，但程度還不夠，或方法有問題，結果也未必如願。這就需要歸納分析經驗，在之前的基礎上繼續提升。至於是不是緣分沒到，要看這個緣是不是你可以努力爭取的。如果不在自己的掌控範圍，那就接納並等待。緣分也是變化的，現在沒到，不等於一直不會到。

面對傷害的兩種方式

問：面對惡人持續的中傷和攻擊，學佛者是否只能退讓？已經給我們造成傷害時，應該如何面對？

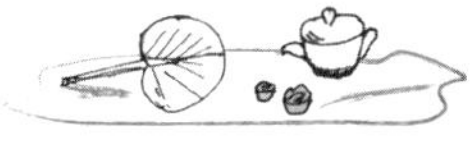

答：對於這樣的情況，一種是主動溝通，看看是否存在誤會需要化解，同時以慈悲心感化對方；另一種是知道對方故意爲之，爲了不激化矛盾，可以暫時迴避。從自己的感受來說，別人中傷你，你在乎才會受到傷害。如果不在乎，就不過是些聲音而已，並不會因此受到傷害。佛教有種法門叫作「不受」，即不接受。佛經記載，曾經有人前去辱罵佛陀，罵得非常難聽，佛陀卻如如不動。當那人罵完要走時，佛陀問他：如果你把東西送給別人，別人沒接受怎麼辦？他說：那我就拿回去。佛陀告訴他：你罵了那麼多，我沒接受，就請拿回去吧。

慈悲是懦弱嗎？

問：當員工犯錯時，究竟應該嚴厲批評，還是本著慈悲原諒他？怎麼在慈悲和企業管理規則之間找到平衡？當我眞誠、老實地對待客戶和員工，反而讓人覺得我這個領導很窩囊，不會爲企業爭取權利。我感到很困惑，請法師開示。

答：慈悲不等於無條件的寬容，還要以智慧爲前提。有時候，一味寬容既不利於企業發展，也不利於員工成長。如果我們從愛護企業和員工的角度出發，給犯錯者以相應的教育或懲罰，也可以是慈悲的表現。慈悲未必都是和風細雨，菩薩低眉是慈悲，金剛怒目也可以是慈悲。關鍵在於，你確實是本著慈悲心，而不是瞋恨心。

至於第二個問題，如果立足於慈悲的眞誠、老實，一定是有力量的。當然在目前的社會環境下，當這種慈悲沒有形成強大能量時，可能會暫時吃點小虧。但我們想一想，自己在交友或合作過程中，一定是希望對方慈悲、善良、可信度高、能爲他人著想。其實別人同樣如此，只要堅持去做，日久見人心，必定會得到認同。

怎樣做合格的父母

問：現在的孩子很叛逆，所言所行讓人特別煩惱。我們應該怎麼和孩子溝通，成爲稱職的父母？

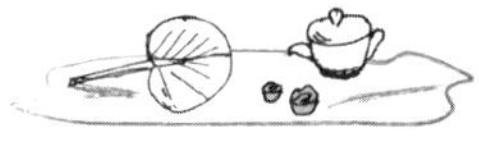

答：在孩子的教育中，父母是第一課堂，學校是特殊課堂，社會是大課堂，三者相輔相成。古代的孟母三遷，就說明了社會環境的重要性，所謂「近朱者赤，近墨者黑」。當孩子內心沒有樹立道德標準和做人準則時，很容易受周圍影響。而現在從學校到社會普遍缺乏做人的教育，家長的責任自然更大。

家庭教育要言傳，更重身教。爲人父母，有沒有正確的三觀？能不能以良好的心態待人處世？面對孩子犯錯、哭鬧、叛逆等，父母的言行和處理方式，會使孩子建立「如何接受世界」的回應模式，進而影響他的人格模型，所以父母的自身素質格外重要。學佛可以提升自我，端正三觀，進而以這樣的智慧和孩子溝通，引導他們建立正確的觀念、心態和人格。所以首先要成爲合格的人，才能成爲合格的父母。

安心工作

選擇工作的自我考量

問：我曾在法院做過事，現在當教師，但對這些工作都沒信心，不知是否該堅持下去，也不知出去後還能幹什麼。先生也有類似煩惱，他是從事ＩＴ的，沒日沒夜地工作。我希望他放下，尋找更適合自己的事。但我們還要考慮家庭開支，不知怎麼解決這個矛盾？

答：對工作選擇，不僅要看自己喜歡做什麼，還要考慮自己有能力做什麼，有條件做什麼。能把三者統一起來，當然是最理想的，但未必都能如願。如果把自己喜歡排在首位，那就一定要提升能力，並盡可能地爲此創造條件，這樣才能有機會做喜歡的事。但對多數人來說，首先要考慮自己的能力和條件，根據現有基礎選擇。

當你準備調整時，要對新承擔的工作和自身能力加以考量，對自己有一定把握。

這樣的話，即使過渡時期有點困難，也是暫時的。如果沒有這個前提，而是隨著感覺，今天做這個不喜歡，明天做那個又不喜歡，但自己未必有能力和條件找到滿意的工作，可能永遠都在換的路上，既被動，也辛苦。選擇是需要實力的，否則只能被選擇。

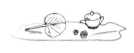

經營企業的立足點

問：做人和經營企業是什麼關係？禪修是不是對企業家有幫助？

答：身爲企業家，需要加深對自己的認識，更需要思考人生的意義和願景。現代人關注企業戰略，卻忽視人生戰略。雖然把企業做得很成功，但人生還是一片迷茫。一旦停下，往往不知何以自處。事實上，企業戰略應該建立在人生戰略之上，最終也是爲了實現人生戰略，所以要把做人和經營企業統一起來。佛法智慧有助於我們建立這種連結。禪修的重點是培養專注，學會觀照。當心經過這樣的訓練，遇到情況就不容易被外境所轉，可以不帶情緒地看待並處理問題。同時還可以弱化以自我為中心的習慣，在做事過程中保持超然。

如何緩解責任感帶來的焦慮？

問：不幸福往往來自目標和現狀的差距。對企業家來說，通常有很強的進取心和責任感，包括如何讓企業成功、如何面對競爭壓力，以及對企業、員工、合作夥伴的責任，所以幸福感較差。怎麼看待這種進取心與責任感？

答：企業家的焦慮、煩惱、痛苦，原因複雜，其中既有利他心和社會責任感，也包含對事業的執著，對自我成就感的追求，是夾雜在一起的。如果這種進取心和責任感純粹是為了他人，就會成為動力而不是掛礙。之所以患得患失，還是擔心自我遭受挫敗。

怎麼解決這些問題？一方面是轉換思維方式，把事業當做利他的方式，而不是建立成就感的途徑，就能在做的過程中不陷入我相、人相、眾生相、壽者相。另一方面是改變做事方式，讓企業成為大家發揮作用的平台。比如有些董事長會覺得，企業成功純粹是我個人的功勞，於是什麼都要管，什麼都放不下，不僅自己很累，也不容易做好，因爲個人能力總歸是有限的。反之，透過先進的民主管理發揮大眾作用，群策群力，每人承擔各自的部分，就不會被進取心和責任感所累。因爲你會看到，成功靠的是眾緣和合，個人努力只是其中一個環節，從而減少執著。

佛教的「因上努力，果上隨緣」告訴我們，既要對每個流程充分評估，把該做的都做到，同時也要接納出現的任何結果。若是結果不理想，就繼續歸納經驗，不斷改善，而不是執著它。這樣的話，不論事情發展到什麼階段，我們都會積極做好當下該做的事。當內心沒有黏著，沒有設定，再大的事業也是一步步做，不會因爲現狀和目標的差距感到焦慮和煩惱。

事情太多怎麼辦？

問：生活中，心越清淨，越能讓自己快樂。但在工作中，很多事情會莫名其妙地找上

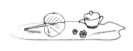

自己，很難讓身心處於寧靜狀態。身為學佛者，怎麼面對這種情況？

答：這個問題很有代表性。有時你越怕，麻煩越會找上門來。這就需要改變看待問題的方式，讓麻煩不再是麻煩。佛教有大小乘之分，對小乘行者來說，事情越少越有利於修行。而大乘修行提倡自利利他，透過幫助他人提升自己。從這個角度說，多做一些事，對社會多一些擔當，本身也是修行。事情越多，意味著修行的機會越多。當然，讓做事成為修行並不容易，必須學會「以出世心做入世事」，才能在處理問題時不陷入其中。如果沒有出世的超然，就容易被事情帶著走。所以我們要把出世的超然和濟世的慈悲統一起來，無事不找事，有事不怕事。那樣的話，無論遇到什麼狀況，都能應對自如，不為所擾。

如何面對快節奏的生活

問：我們這些生活在快節奏中的人應該怎麼運用禪的智慧？

答：在快節奏中，生活容易變得顛倒、混亂、無法放鬆，心態也會變得焦慮、浮躁、

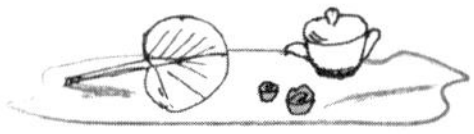

患得患失。如何應對？首先要有戒，即有所爲，有所不爲。一方面是減少無謂的活動和應酬，另一方面是加強對身心和時間的管理。有些人忙成慣性了，靜不下來，在工作之餘還會用各種娛樂把每個閒暇塡得滿滿的。這個問題現在尤其嚴重，必須多加審視，看看自己究竟在忙些什麼，哪些是無謂的消耗。其次是培養定力，安住當下。再多的事，如果一件件做，就能忙而不亂，因爲你所面對的始終只是一件事而已。最重要的是具足智慧，知道一切都是緣起的假相，不論遇到什麼外境，都能從容面對，不爲所轉。做到這幾點，不論忙還是閒，生命都是有品質的。

忙要忙得有意義

問：很多企業家非常忙，但內心也渴望寧靜。比如我們去不丹參加「幸福之旅」，就是希望透過這樣的旅行找到寧靜和幸福。生活中，怎麼消除這種矛盾？

答：忙碌本身不是生活的意義所在，所以關鍵不在於忙不忙，而要看清自己爲什麼忙。我們有了事業，也有自己對社會的責任和擔當，但做這些都是爲了實現人生價值。所以我們要去思考：生命的意義是什麼？和當下所做的事業有什麼關係？把這個問題想清楚，忙不忙都會幸福。否則就容易矛盾，忙起來心累，閒下來無聊。

從另一方面看，同樣是經營企業，有人很忙很累，也有人舉重若輕，這就涉及方法問題。怎麼解決？除了提升管理技術，還要建立優秀的企業文化。如果企業家在管理中處處以自我爲中心，把自身利益看得過重，不僅會做得辛苦，還會患得患失。只有以無我的智慧管理企業，不僅爲自己，也爲造福大眾而做，才能招感更多人參與。當大家爲共同的理想走到一起，從管理階層到員工都能具備愛心和道德素養，工作氛圍將會完全不同。反之，大家都很自私，只是爲了利益而來，非但彼此不容易配合，還要互相防範。如果能在企業中適當安排佛法和禪修等課程，有助於大家統一思想，提升素質，既是做好企業的助緣，也是提升幸福感的基礎。

環保護生

正命生活，免造不善業

問：經營企業可能會造業，比如開飯館涉及殺生，做遊戲開發會激起貪瞋癡，如何解決這個問題？

答：佛教中，職業選擇屬於八正道中的正命，和正見乃至正定一起，是修行必須具備的八種要素。所謂正命，即符合法律和戒律雙重規範的職業，可以解決自己的生存問題，還不能給其他眾生造成傷害。如果我們決定認眞學佛，那正命是必需的。有些職業雖然符合法律規範，但在佛教看來是有問題的。比如你所說的開飯館涉及殺生，做遊戲會激發貪瞋癡等，當我們看到這些職業的潛在危害，就應該加以調整，否則的話，雖然眼下賺了一點錢，同時也造下惡業，副作用太大，往往得不償失。

其實企業的經營範圍有很廣，有的會造惡業，也有的會造善業，關鍵在於你的選

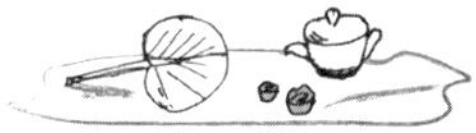

擇。比如做餐飲的可以開素菜館，做遊戲開發也可以製作有助智力提升和心靈健康的內容。當然，轉變起來不那麼容易，需要痛下決心。這要看你對自己的道德要求而定，是只想以此賺錢，還是希望在獲利的同時有益於未來生命，有益於眾生和社會。

素食和不殺生

問：對一般人來說，吃素的理由是什麼？有人學佛後整天糾結自己不小心殺了蚊子、蟑螂之類，說個沒完，有必要嗎？

答：吃素主要有三個理由。從信仰上來說，素食是慈悲心的修行。當然佛教並未要求所有信眾吃素，而是強調不殺生，這才是原則問題。從健康方面來說，現在的動物養殖問題很多，如動物用抗生素超標和人畜共患疾病等，素食則不存在這些危害。從環保角度來說，畜牧業帶來的環境汙染和二氧化碳排放非常嚴重，所以現在很多人是從健康和環保的角度提倡素食。

至於殺生後的糾結，首先應該隨喜，這也是一個進步。因爲人往往容易麻木，意識不到自身行爲會對其他眾生造成傷害，意識不到蚊子、蟑螂也是生命，甚至殺雞殺豬都覺得很正常，只當作處理食材。學佛後能看到這些都是生命，意味著認識在提高。當然，生活中難免會有誤殺，從持戒角度說，無意傷害是不犯戒的，但殺業還在，所以要眞誠懺悔，今後更加警覺，避免類似行爲。慈悲心需要從認識到行爲不斷培養，包括微小的行爲，包括微小的生命。但不必將此變成心病，懺悔了就可以放下。

不縱容也不過度懲罰

問：我從事教育工作，原來對老鼠的態度是彼此互不干擾即可。前些天寢室出現了老鼠，我起初讓員工不要管，但有老師在休息時被咬了，流了很多血，還去醫院打了針。她很難過，一直說：我都這麼好，沒去傷害牠，爲什麼牠還來咬我，是不是我做錯了什麼？怎麼疏導這種心理？

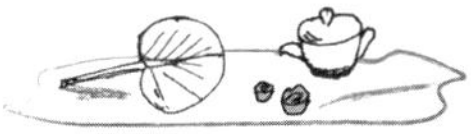

答：你從事教育，可能沒有好好教育老鼠，所以牠們就會胡作非爲。我們知道，教育講究生態環境，既不能縱容學生，也不能過度懲罰，而要合理有度。爲什麼老鼠可以在你們生活的環境中傷人？說明你們有縱容牠的嫌疑，所以應該要把生態環境搞好。如果一個地方不是老鼠的活動界限，就不該讓牠進來。一旦牠進入這個區域，就說明你的生態環境有問題，可以適當給些懲罰和處理，但不能過度，不能殺生。

環保之本在於改變觀念

問：環保和我們的生活息息相關，但很多人缺乏這種意識，怎麼才能提升大眾的環保意識？

答：佛教有個觀念叫「惜福」。說到惜福，我們很多時候想到自己的福報，其實地球資源就是人類共同的福報。如果我們不斷浪費，造成地球資源消耗加速，人類在地球生存的福報也會隨之越來越少。一旦資源耗盡，人類就失去生存的依託了。

但是要讓大家改變確實很難。因爲現代社會是以消費去推動發展，所有企業商家都在鼓動消費，以此帶動國內生產毛額（GDP）的提高，在這樣的浪潮下，要安住自心，堅持簡單生活，必須有逆流而上的勇氣。這就要從改變觀念開始，只有認識眞正到位，做起來才能自覺、自願、自我堅持。學佛，就是引導我們從改變觀念開始，在簡單的生活中享受快樂，從而改變生活方式。想要提升大眾的環保意識，就要讓環保成爲生活的一部分，而不是需要做出某些「犧牲」來踐行的理念。

什麼是正報和依報？

問：老子說「居善地，心善淵」，但何爲善地？佛教所說正報和依報是什麼？

答：所謂善地，對人類來說是適合生存的地方，對自然來說是可以永續發展的地方。佛教所說的正報指我們的生命體，包括身心活動，而依報指我們生存的山河大地。兩者是一體，所謂依正不二。佛教的這種思想和中國的天人合一、印度的梵我一如，都代表了東方智慧，皆有助於生態環保。而西方哲學是以人爲中心，認爲世界不過是爲我所用的客觀對象。這種把人和世界視爲二元對立的觀念，使得人類爲發展經濟不惜破壞生態，是造成環境惡化的根源。現在西方的深層生態學也意識到，必須把人視爲環境的一部分，從整體而非局部看待問題。

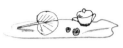

調心之道

活在當下的意義

問：爲什麼要活在當下？我們在當下保持對一切的覺察，就是覺悟的境界嗎？想著過去或未來，就是在迷惑中嗎？

答：我們很多時候都在想著過去，想著未來，妄念紛飛，不絕如縷。事實上，過去已然過去，未來尚未到來，這種想不僅於事無補，反而妨礙我們對當下的體驗。從做事來說，如果不能專注當下，做著這個想著那個，做著那個想著這個，是無法做好的。而從修行來說，活在當下是訓練正念的途徑，由此培養持續、穩定的專注。當我們放下妄念，專注地經行、吃飯、禪修，對自己的每個動作和念頭保持覺察。心就能安定下來，獲得觀照力。

這種了了分明的心，是開啓智慧的關鍵。而我們活在過去和未來時，往往是不知不覺的。不知不覺地胡思亂想，不知不覺地製造情緒垃圾，不知不覺地做著不該做的事，這些都在給生命製造不良積累，使自己在迷惑中越陷越深。當然，佛法所說的不要活在過去和未來，是指不自覺的妄念和由此引發的情緒，並不是說，我們不能歸納過往經驗、確立未來目標。而是讓我們在每個當下保持正念，保持內心的清明。

如何戰勝不良心理

問：我在很多事情上會陷入善和惡的矛盾中，怎麼辦？

答：不良的社會風氣盛行時，很多人會受到不同程度的影響。如果內心又有善的力量，覺得不該這樣去做，就會陷入矛盾中。這種現象不在少數。只要對自己有一定要求，不願同流合汙，往往會遇到何去何從的選擇。之所以矛盾，無非是想爭取某些利益，或心存僥倖，覺得某些行爲未必會有後果，似乎做一下也無妨。怎麼辦？關鍵是確立做人原則。如果我們清楚各種行爲的後果，知道道德行爲的利益，以及不法利益潛藏的危害，自然知道什麼該做，什麼不該做。這個原則來自正確的人生觀、世界觀、價值觀。現代教育偏向於知識技能，不重視道德教育。做人缺少精神追求，就容易活在感覺中，受社會風氣影響。學佛可以幫助我們確立精神追求和行爲準則，堅定向善之心。當然，學佛路上也會有煩惱。佛教認爲人有佛性，也有魔性，在覺悟之前，難免受到魔性干擾。但只要看清方向，斷惡修善，兩種力量就會越來越懸殊。當善占有絕對優勢，我們就有能力戰勝不良心理。

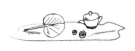

怎樣令自他和樂

問：我一直生活在對立中，不但內心如此，對外界也是這樣。有時爲了讓對方快樂，覺得自己挺委曲的，並不快樂。怎麼能化解對立，既讓對方快樂，自己也能因此快樂？

答：讓別人快樂需要智慧，不是你想讓對方快樂，就有能力讓對方快樂。首先需要放下自我的感覺，學會從緣起的角度理解對方，知道他需要的究竟是什麼，應該如何提供幫助，在理解的前提下去做。有時我們想讓對方快樂，忙得很辛苦，對方卻不買帳。這是因爲我們所做的一切是建立在我執之上，是缺乏智慧的給予。其次是根據自己的發心和能力去做，如果只是出於一時衝動，自己的心行遠遠跟不上，在持續付出後就會患得患失，覺得委屈。所以幫助他人也需要知己知彼，同時要努力提升自己的智慧、發心和能力，才能自利利他，自他和樂。

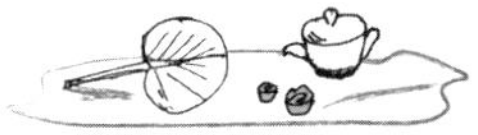

身苦和心苦

問：學會觀照老病死乃至情緒得失，不爲所動，會不會導致我們對發生的一切麻木不仁，漠不關心？

答：佛法所說的苦有兩種，即身苦和心苦。老病死屬於身苦，是色身的自然規律，即使聖者也會存在。凡夫和聖賢的區別在於，凡夫對身體充滿貪著，一旦生病，各種煩惱、擔憂就會隨之而來，進一步帶來心苦。而聖者看清色身只是五蘊和合的假我，就不會爲之左右。當然這不是不管它，該治療要治療，該調養要調養，但沒有無謂的情緒。如果說身苦是第一支毒箭，那麼煩惱就是第二支毒箭。修行的重點是幫助我們減少心苦，不被第二支毒箭所傷，同時，心態良好也有益於恢復健康。

在和他人的交往中，觀照可以幫助我們觀察緣起，正確看待發生的一切，有的放矢地加以解決。但是身爲佛弟子，我們不僅要自我提升，還要培養慈悲心，對眾生的痛苦感同身受，並以幫助眾生爲己任，所以絕對不會變得麻木。如果對他人麻木不仁，那是有問題的。

幸福感從何而來

問：幸福來自滿足，有時是自己的感覺，有時是別人對你的觀感，但這種由衷的喜悅自己也能感覺到。是不是可以將這種滿足和喜悅當成修行目標？

答：欲望得到滿足時，確實會帶來幸福感，但這種感覺是短暫而不穩定的。欲望的特點是不斷加碼，所以滿足起來會越來越難，甚至很快超出你的實際能力，使你苦求而不得。於是乎，建立在欲望基礎上的幸福感，就被麻煩和痛苦取而代之。此外我們也看到，有些人雖然擁有很多，還是感覺不到幸福。爲什麼會這樣？其實，幸福的關鍵在於感受幸福的心。如果感受幸福的主體出現問題，即便擁有再多，也是沒能力幸福的。

所以我們不僅要改善外在條件，更重要的是改善內心，這才是獲得幸福的源頭活

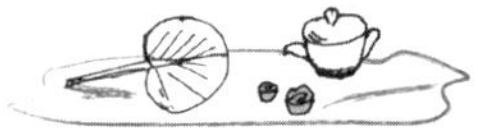

水。有了這樣的能力，幸福感將源源不斷。就像水邊林下的那些禪者，雖然一無所有，但內心並不覺得缺少什麼，反而法喜充滿，安然自在。只有認識到幸福的根本，以此做爲修行目標，才能眞正地所求如願，且沒有任何副作用。

看山到底是不是山

問：古人說人生有三重境界，第一重看山是山，第二重看山不是山，第三重又回到看山是山。我看了三遍《我們誤解了這個世界》，書中介紹了唯識三相，一是遍計所執，是不是對應看山是山的境界？二是依他起相，當意識到緣起，看到了山的緣起和變化，山就不是山了。三是圓成實相，是不是達到了空性境界？

答：從看山是山到看山不是山，再到看山又是山，用中觀的「所謂世界，即非世界，是名世界」來對照，可能更合適。所謂世界，即看山是山，代表世人的認識，帶有強烈的自性見，屬於遍計所執；即非世界，對應看山不是山，看到山是因緣和合的假相，否定我們對世界的錯誤認知；是名世界，當我們擺脫錯誤認知後再來觀察，雖然山還是山，世界還是世界，但此時所見和之前完全不同，既看到萬物的緣起，也看到其空性本質。換言之，畢竟空和宛然有是一體的，而之前只是側重一面，有失偏頗。

8

柏林夜話

—— 二〇〇六年「柏林寺生活禪夏令營」答疑

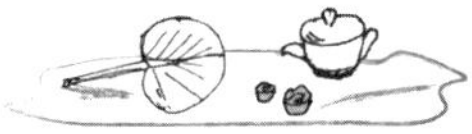

二〇〇六年七月，濟群法師應邀參加「柏林寺生活禪夏令營」，爲來自全國各地的青年佛子修學開示，並與夏令營隊員們進行分組交流。

辯證看佛典

問：我看過金庸先生的學佛經歷，起初他讀了一些大乘經典，感覺神話成分較濃，難以接受。後接觸原始佛典，覺得很相應，這才對佛法生起信仰。我自己也有同感，畢竟我們受唯物論教育多年，很難接受類似神話的描述。法師怎麼看待這個問題？

答：金庸先生的說法，只代表他的一家之言。其實，佛經並不像小說或傳奇那樣，是編出來的，而是由佛陀闡述其親證經驗，再經弟子們記錄而成，並不存在神話的成分。

佛教有不同語系、不同法門之分，每個人有緣接觸什麼，又能對什麼生起信心，都取決於他自身的認識。正因如此，佛陀才應機設教，開顯種種法門。金庸先生喜歡原始佛典，感覺那才比較平實，只是代表他的根機、他的需要。他當然有自由選擇一個適合自己的法門，但是若以此評判其他法門，顯然是不合適的。

事實上，大乘經典是以整個法界爲平台，蘊涵著更高的知見、更廣的視野、更深的修法。在修行上，所要成就的品質和境界也更爲高廣深遠。因爲大乘佛教的修行目標是成佛，不僅要成就大智慧，還要圓滿大慈悲。

人對世界的認識，取決於自身的認識能力，難免有諸多局限。所以，我們不要過於主觀地看待自己不了解的領域，更不要輕率地下結論。有時，我們從自己的角度出發，以爲這是對、那是錯。事實上，所有這些只是我們看到的現象，只是我們根據有限經驗所做的判斷。可曾想過，我們看到的究竟對不對？又能看到什麼程度？在證得實相之前，每個人都帶著有色眼鏡在看世界。我們看到的，只是被我們處理過的影像，並非客觀的眞實。

因此在了解的過程中，我們應當本著虛心學習的原則，先去理解我們能夠理解的那部分，而不是妄加評論。在此過程中，善知識的引導也非常關鍵，否則我們很

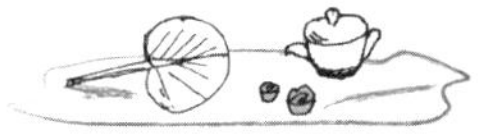

可能師心自用而不自知。

弘法現代化

問：佛法弘揚是否也面臨現代化的問題？現代人應如何弘法？

答：佛法在現代的弘揚，當然需要有契合現代人的表現方式。佛法雖是究竟圓滿的眞理，但離不開做爲載體的文化。佛法在流傳過程中，也經歷了各個時代、各個地區的包裝。我們今天接受的佛教，是經傳統文化包裝過的，現代人理解起來確實存在一定困難。如今，社會已進入網路時代，思想觀念和思維方式與以往有極大差別，這就需要更直接明瞭、更貼近大眾的溝通方式。我們目前所要做的，是把佛法從不適應時代的包裝中解放出來，以現代人最容易接受的方式重新詮釋，使大眾不會因爲文字、表達等外在因素而妨礙對佛法的認識。

我在弘法過程中，主要把佛法定位爲對心靈的認識和改善。事實上，佛法就是究竟的心理學，可以幫助我們看透內心世界，並透過禪定之力徹底解決心理問題，最終導向解脫，導向生命的完善。佛法在這方面的作用，是世間任何哲學、心理學無法相比的。

問：法師談到弘法的現代化，這樣是否會使佛教走向世俗化？是否會影響佛法的純正？

答：現代化和世俗化是兩個觀念，不可混爲一談。世俗化是帶著世俗目的，將佛法當做獲取名利等世間利益的手段。現代化則是以當時人們最易接受的表現方式，詮釋佛法的深奧義理。

其實，佛教在每個時代、每個地方都面臨現代化的問題。在唐朝，是以唐代人最容易接受的方式傳播；在泰國，是以當地人最容易接受的方式傳播。所以，現代化本身是中立的，不存在傾向或問題，關鍵是我們的運用是否如法，是否應機。佛法的傳播，是以契理、契機爲原則。不僅要適合時代，更不能背離佛教的根本精神，這就需要如實理解佛陀說法的本懷，做到所謂「願解如來眞實義」。身爲

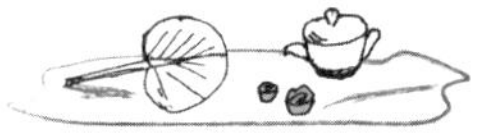

弘法者，應透過聞思、修行來把握佛法本質。若能體悟佛法的眞諦，就有資格以任何方式去表現。如果背離佛教的根本精神，那這個現代化就很危險了。

佛教在兩千多年的弘揚過程中，確實存在一些誤區現象，究其原因，都是因爲對佛法本質的掌握不足或出現偏差造成的。此外，佛教也是社會的組成部分，離不開社會的大環境。尤其是當代佛教，經過文化大革命十年浩劫的全面破壞後，在改革開放的特殊環境中成長起來，難免存在諸多問題。世俗化的傾向，就是其中比較突出的一個問題。佛教做爲一種社會現象，在任何時代都可能存在問題，只是程度不同。但我們不能把這些問題和佛法本身混淆，要深信佛陀的智慧是究竟、圓滿的，這是學佛者應有的認知。

皈依及修學

問：法師最近一直在大力弘揚「皈依共修」，請問在五大要素中爲什麼如此強調皈依？

答：皈依是佛法的基礎，也是佛法的根本，但以往一直不夠重視，這是現在需要特別強調的原因所在。以往的學人，信心較爲堅強，也沒有如今那麼多的誘惑和考驗。相較之下，今天的學人不僅自身信心薄弱，更兼外在干擾又多，難免妄想紛飛，游移於各種選擇中。

現代人學佛，普遍存在信仰淡化的問題，原因有二，一是對皈依的認識不足，二是缺乏相應的修習。許多人雖然表面看來是在學佛，但原有的生活方式及人生觀念並未發生多少改變，並未將生活重心由自我轉向三寶。如此，自然難以體會學佛的利益。長此以往，佛法很難在生活中占有重要地位，更不可能成爲人生的唯一目標。

所以，當我們確定以三寶爲人生究竟皈依後，必須不斷強化。否則的話，心很容易被各種誘惑帶走。同時，我們的習氣、煩惱極其深重，若不強化三寶在內心的分量，很難超越原有的不良習性。唯有將信仰提升爲人生重心，才能增強免疫力，從而抵擋自身習氣和外在誘惑的雙重攻擊。

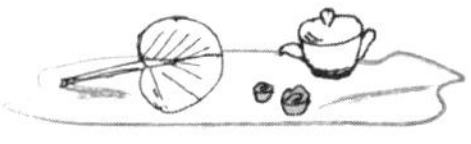

你們來這裡參加夏令營，由於環境的力量，會覺得整個身心都沉浸在佛法氛圍中。一旦回去後，很快會轉向固有的生活方式，同時也進入固有的心靈軌道。於是乎，在多數人心中，佛法又會被邊緣化，又會成爲若隱若現的影子。

怎樣解決這個問題？當我們身處世俗社會，應時時強化自身的正知正念。對皈依的深入修習，正是爲了幫助我們強化三寶在心中的地位，這是最基礎也是最根本的修行。眞正發心學佛的人，都必須認眞對待，努力修習。具體方法，可參照西園界幢律寺戒幢佛學研究所出版的《皈依修學手冊》。

問：佛教講究眞修實證，請法師開示一下基本的實修方法。

答：佛教各宗各派有不同的修證方法。但不論有多少修行法門，基礎是共同的，必須由下而上一步步修習。

皈依，是修行的重要基礎。事實上，它不僅是基礎，本身也是高不見頂的修行法門，甚至可以一直修到成佛。皈依的修行，是以佛法僧三寶爲所緣對象。而整個佛法修行，正是念佛、念法、念僧的修行。如《阿含經》的佛隨念、法隨念、僧隨念，淨土宗的即心念佛、即心是佛，禪宗的即心即佛，及很多佛子熟悉的《普賢行願品》中十大願王等等，都是皈依的高級修法。

奠定修行基礎後，我們還要了知：修行究竟修的是什麼？不論什麼法門，歸根到底，是對內心的一種訓練，是對健康心理的正確重複。所以，我對修行的定義是：擺脫錯誤、重複正確。不僅修行如此，做世間任何事也都是這樣。唯有不斷擺脫錯誤習慣，重複完成正確，才能做好每一件事。

對佛法修行來說，正確重複的過程，就是完成正念、正見，就是在圓滿慈悲、智慧。重複的是正見，就是在成就正見的修行；重複的是慈悲，就是在成就慈悲的修行。反之，如果我們重複的是貪瞋癡，就是在增長內心的貪瞋癡，在成就自身的凡夫特質。我們現有的凡夫心，正是這樣生生世世訓練起來的。修行，關鍵要放棄對凡夫心的訓練，以這樣的力量訓練正念，訓練慈悲、智慧的特質。

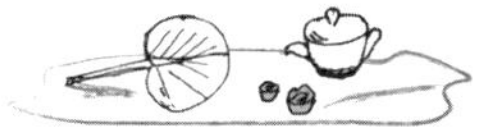

以戒爲師

問：在家居士是否受持五戒就夠了？

答：身爲在家人，嚴格將五戒持好還有些難度。尤其在現代社會，受持五戒會面臨很多考驗。不殺生就不容易做到，但更難的是不偷盜。現代企業存在很多偷盜問題，常常在有意無意中就會犯戒。至於不邪淫和不妄語，在如今這個紅塵滾滾的世界，每天面對這麼多誘惑，這麼多境界的考驗，稍不注意也可能違犯。所以，五戒看似簡單，但也不容易持得清淨，切莫掉以輕心。

五戒之外，最好還要多受持八關齋戒。八關齋戒是佛陀爲在家信眾體驗出家生活慈悲開設的方便法門，可以爲我們種下出世解脫之因。當然，解脫的根本是生起出離心。唯有在出離心的基礎上，受持八關齋戒才能使我們走向解脫。

問：八關齋戒中「過午不食」的原理是什麼？

答：八關齋戒是在家居士體驗出家生活的一種戒律。和在家戒相比，出家戒主要有兩條比較特別，分別是關於飲食和男女。關於男女問題，五戒的要求是不邪淫，而出家戒的要求是不淫欲；關於飲食問題，出家戒有「過午不食」一條，爲五戒所無。八戒是爲培植解脫之因而施設，故這兩條與出家戒同。

《禮記》說：「飲食男女，人之大欲存焉。」食和色，是凡夫最容易產生執著的兩大問題，也是導致生死輪迴的根本力量。所以，修行必須從這兩方面著手，逐步減少對食、色的貪著。八關齋戒要求「過午不食」的主要原因，就在於此。

出世與入世

問：怎樣看待出世修行和入世修行？

答：當我們說到出世修行時，往往會聯想到出家這種修行方式。若是這麼定義的話，似乎與在家居士無關，其實不然。出世可以指出家修行，也可以指出世的超然心

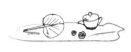

態。

身爲在家居士，雖不能在寺院、山林過一種遠離塵囂的清修生活，同樣要具備超然物外的出世心態，不爲世間種種名利聲色所染，這就是佛教所說的出離心。有了這種心態，我們才會過得更自在。

菩薩道，是以入世的悲心修行。但我們要知道，這種入世仍須以出世的心態爲基礎。只有這樣，入世時才不會陷入對世事的執著中。若無出世的超然，很可能入到哪裡就陷到哪裡。不僅陷入世事中，同時也陷入生命內在的世俗心中。那時，自顧尚且不暇，更遑論利益他人？所以說，入世修行必須以出離心爲基礎，否則就會隨世俗心所轉。

至於出家及在家的修行方式，我覺得，出家當然是最好的選擇。但這個選擇也是有前提的，必須找到一個如法道場，找到一位堪爲依止的善知識。如果找不到合適的修學道場，出家後也可能會忙於應酬，和世俗生活並無太大差別。

若是因緣具足，自己也有純正堅定的發心，走上出家之路，就可放下一切負擔，全身心奉獻於追求眞理、傳播佛法。在社會上，畢竟有太多牽掛，太多羈絆，必須完成各種責任後，才有時間修行或弘法利生。但人生幾十年是很短暫的，如果我們在盡義務的同時又繼續不斷地製造責任，可能永遠都會身陷其中而不能自拔。相較而言，出家確實比在家的修行條件優越很多。

問：如何以緣起的智慧看待生活？

答：以緣起的智慧觀照，了知一切皆是因緣假相，如幻如化，無常無我。其中的關鍵，是將這一智慧審視眞正轉化爲自身認識，感覺它確實如此，必然如此，而不僅僅是一種用來說、用來聽的理論。否則，說得再熱鬧，關鍵時刻仍無眞實利用。當然，未具空性正見和相當禪修基礎前，也很難在認識上產生這樣確定無疑的感覺，因爲我們看到一切時仍會覺得很眞實。

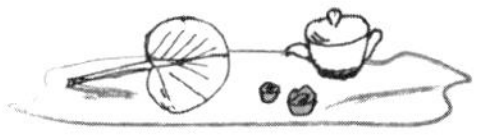

何爲菩薩

問：菩薩屬於六道中的哪一道？和佛又是什麼關係？

答：菩薩雖出入於六道，卻又超越六道。所以，在六道以外還有四聖，即聲聞、緣覺、菩薩、佛，合爲十法界。這裡所說的菩薩，是指登地（編按：所謂地就是階段，菩薩由初見道至成佛共分十個階段）以上的大菩薩。比如我們剛發菩提心，也可稱爲菩薩，但並未具備超出輪迴的能力。也就是說，生命內在能夠製造輪迴的力量還在左右我們。當這種力量不再對我們造成影響，就是超越輪迴之時，就能像諸佛菩薩那樣來去自如。

通常來說，菩薩是佛的因，佛是菩薩的果。要想成佛，必須經歷修習菩薩道的過程。圓滿菩薩道的修行之後，就成佛了。但也有一些大菩薩，已和佛無二無別，只是爲了度化眾生，才以菩薩身分示現。甚至還可能以六道眾生的身分出現，事實上，他們的生命早已圓滿。所以，不能只看表面現象。

問：是否只有成佛後，才有度化眾生的資格？

答：未必。若真正有能力幫助眾生解脫煩惱，證得空性，幫助他們走向解脫之道或菩提之道，都屬於有資格度化眾生的人。比如說，世界冠軍未必是世界冠軍訓練出來的，只要研究並掌握訓練方法，懂得因材施教即可。

問：地藏菩薩爲什麼不願意成佛？

答：是否具有「佛」的身分，並不是最重要的。成佛，是成就生命內在的悲、智兩大特質，並不僅僅是身分的象徵。對大菩薩來說，其生命特質與佛並無差別。只是在凡夫看來，才有佛或菩薩等名分的分別。至於大菩薩，他們早已超越這些外在束縛。所以，這個問題不用我們關心。

禪宗相關

問：據敦煌寫本（編按：又稱敦煌文獻，是一九〇〇年於敦煌莫高窟十七號洞窟中發

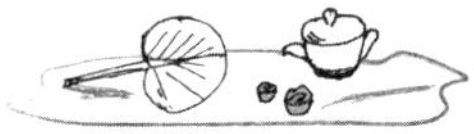

現的一批書籍總稱）記載，禪宗曾傳播到藏地，並在當地引起頓漸之爭，後來就退出藏地。您怎麼看待這一現象？

答：你是說，漢傳佛教在西藏傳播的過程中，禪宗的大乘和尚和印度蓮花戒論師之間的那場辯論吧？關於這個問題，我們要知道，即使雙方勝負也有不同記載。而從另一方面來說，辯論涉及的因素很多。其一，雖然某人所持見地很高，但未必大家都能認同；其二，有辯論必然有裁判，但裁判的思想可能有所傾斜，有取捨；其三，被某個時代接受、推崇的見地，未必是最高的，關鍵在於什麼見地是當時更需要的。所以，很多事情不是那麼簡單的，我們無法透過一些表相來判定孰高孰低。

問：什麼是禪淨雙修？

答：所謂禪淨雙修，即融合禪宗與淨土的修行。其中也有不同類型：比如，參禪者有個話頭（編按：話是語言，頭是根源，話頭就是在自己心頭上提一句問話）叫

「念佛是誰」。從字面看，是關於淨宗修行的內涵。事實上，其修行方式是禪宗的，但似乎也有淨土宗的內容，可歸爲禪淨雙修的方式之一。還有一類是早年參禪，參了幾十年沒有消息，或者已經找到一些路頭，也有明心見性的功夫，但對生死還沒有把握。在這種情況下，用禪修的功夫念佛，成就念佛三昧，迴向往生淨土。這也是屬於禪淨雙修。

問：什麼是參話頭？

答：參話頭，究竟參的是什麼呢？參，就是尋找，比如參「一念未生前是什麼」，參「父母未生前本來面目是什麼」，讓我們順著這個話頭一路追尋下去。在參的時候，無須以意識窮根究底，尋找答案。凡是透過意識思維而得的，皆非參禪所要尋找的答案。它是透過這樣的方式，掃蕩我們心中現有的一切雜念。

我們的心，時時陷在各種念頭中，從這裡跳到那裡，又從那裡跳到這裡。有的念頭會暫時影響我們，有的念頭則會長久左右我們。從這個意義上說，我們每天的

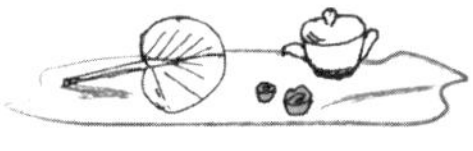

生活都在經歷一種心路歷程，都是一次心靈之旅。

念頭生起時，我們會進入相對的世界。只要有一個念頭生起，就是一個相對世界的顯現。每個念頭必然伴隨相應的影像，沒有哪個念頭是沒有影像的。想到一件事情，會有想的影像，而那個被想的影像背後，還會伴隨著某種感覺、某種情緒，使我們的心陷入相對世界中。

在這些念頭未曾生起時，我們的心又是什麼呢？參「一念未生前」的目的，就是在幫助我們超越生命的相對狀態，進入絕待（編按：或作絕對，反之則爲相待、相對）、不二的狀態。禪的眞義就在於此。所有的禪宗公案，所做的都是這麼一件事。當你明白這個道理後，就會明白公案中的那些祖師們爲什麼要對學人當頭一棒，大喝一聲。所有這些超乎尋常的方式，無非是幫助他們打破能所（編按：即執著的心和所執著的外境），進入生命的絕待狀態。

問：那時我們還有沒有知覺？

答：到那個時候，你的知覺比任何時候都靈敏。心一旦進入相對狀態時會很遲鈍，就像我們特別專注於某件事情時，對周圍的反應會變得遲緩。如果心不曾執著某個影像，便空寂澄澈，對一切了了分明。

問：禪宗與寧瑪巴（編按：蓮花生大士所傳下來的教法，也是藏傳佛教四大教派中最早的傳承）的大圓滿，在見地、修行上有什麼相同和不同之處？

答：禪宗和寧瑪的大圓滿，都屬於如來藏的見地，即認知自己是佛，本具諸佛菩薩的特質，契入這一見地的手段則各不相同。如禪宗的德山棒、臨濟喝、雲門餅、趙州茶，包括後來的參話頭，都是一些實修方法。大圓滿則是另外的用心方法。雖然方法不同，但目的都是透過某種特定方式，契入內在明空不二的智慧，並安住於此。所以說，相同的是見地，不同則主要表現於用心方法。

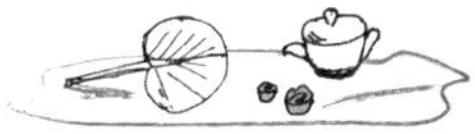

認識輪迴

問：輪迴是看不見的，應如何理解呢？

答：輪迴，其實是內心迷惑的顯現，根源就在我們的心。換言之，在我們的凡夫心中具有六道眾生的心理特質，當這些心理外化（編按：個人將其內部特徵「投影」到外部世界，特別是他人身上）後，便呈現出流轉輪迴的種種狀態。很多人不相信有六道存在，因爲那是看不見的。其實，我們仔細觀察一下，無須向外尋求，人間已然有六道之別。

餓鬼，其特徵爲渴求無度，不知饜足。生活中，很多人對地位、金錢、感情也存在一種病態渴求，即使擁有再多，仍無法滿足，仍一味索取，這就是與餓鬼無異的心理特徵。

畜生，其特徵爲愚癡，這也是牠和人的根本區別所在。人有理性思維，而動物只是憑著本能生存、享樂。事實上，很多人也處於類似的生存狀態，一生都爲衣食、爲改善生活條件奔忙。活著是爲了生存，生存是爲了活著，對人生再無更多的思考和追求，那就與動物的生存狀態相差無幾了。

地獄，其特徵是身心時時處於極度痛苦中。世間有不少人，現世就遭遇了這種苦不堪言的處境，有些是被劇烈的病苦糾纏，有些是被無盡的煩惱折磨，身心倍受煎熬，求生不得，求死不能。這種生活狀態，正是一般所說的「人間地獄」。

阿修羅，其特徵是瞋心極重，並以爭鬥爲樂。這樣的人，現實中也比比皆是。他們熱中於各類爭鬥、挑釁，與天鬥其樂無窮，與地鬥其樂無窮，似乎只有在爭鬥中才能感受自己的存在，才能實現自己的人生價值。

從佛法觀點來看，世界正是人類內心迷妄的顯現。所以，六道也沒有離開我們的心。我們有什麼樣的心，就有什麼樣的世界，就會感得什麼樣的生命狀態。

需求原理

問：請問法師，如何看待個人需求與環境保護的關係？

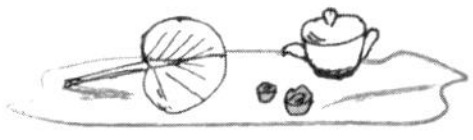

答：在今天的講座中，我談到有關需求的問題，這是與環保有關的重要內容。事實上，所有環境問題都和人類不斷增長且毫無節制的需求有關。我們總在想著，要擁有什麼樣的生活環境和物質條件，才能過好日子。卻很少去想，爲達到這個目的所消耗的一切資源，最終都是向大自然索取；由此產生的一切垃圾，最終也要由大自然負擔。這就從兩方面構成了對環境的破壞，而其中的一些，是不可逆轉的破壞。

問題是，這些需求是生存所必需嗎？我們必須依靠現在已經擁有和希望擁有的一切才能過好日子嗎？我們反省一下就會發現，所有需求都是自己建立起來的。當我們沒有了對電的需求，它根本不會對生活構成影響。在沒有電的古代，人們一樣過日子，並不覺得缺少什麼。事實上，那種「日出而作，日落而息」的生活更悠然，更閒適。至少，他們不需要像現代人那樣日夜顛倒地加班加點，因爲忙於工作而影響生活本身。可一旦建立這種需求並產生依賴，一連幾天沒有電，就會對生活造成很大影響，讓人感到種種不便。若是從此不能用電，恐怕大多數人都會感到非常痛苦。這種痛苦，其實是我們製造出來的。一旦我們眞正意識到，人類的所有需求都是自己建立起來的，並非必然，才能自覺減少無謂的需求。所以說，對需求自律，而不是過度縱容，才能從根本上解決環保問題。其實，生命本身是自足的，如果不是在無明慾愚下建立種種無謂的需求，簡單的生活一樣也能令人怡然自在。

問：這次有幾位法師講到，柏林寺舉辦首屆「生活禪夏令營」時，當初投入的財力、物力沒有現在這麼多。我想，若不是爲了滿足大眾需求而投入，未必能吸引這些年輕人。

答：柏林寺舉辦第一屆夏令營時，我就應邀參加講座了，前後至少參加過六屆，對這個問題是有些發言權的。我覺得，從環境、硬體上來說，柏林寺確實比以前好了很多。至於其他方面，差別應該不會太大。第一屆也請了很多老師，也有很多義工來爲大家服務。當然，現在辦了十幾屆下來，經驗更豐富了。

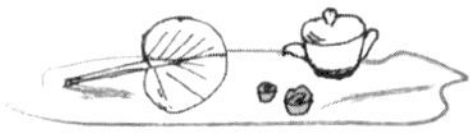

說到吸引年輕人的問題，其實也和人們的需求有關。如果大家對學佛發自內心地嚮往，即使環境簡陋一些，仍會對他們有吸引力。我們眞正需求的是法，其他條件如何不會構成太大影響。反之，如果大家覺得學佛是可有可無的，只是工作生活之餘的一個消遣，才會在意環境及各種外在條件。

另外，對淡泊隨緣的人來說，條件簡陋也能安然自在；而對習慣挑剔的人來說，條件再優越也往往是不完美的。所以，很多時候還是唯心所現，還是由內心的不同需求所決定。

其他

問：有些師父教導初學者專門持一種咒，一天中大部分時間都用來持咒，而且要觀想這個咒語。請問，爲什麼要這麼做？

答：持念、觀想咒語，也是令心安住的方法。

以我個人的弘法方式來說，傾向於把道理講清楚，告訴學習者，爲什麼要這樣做，做了之後對心有什麼改變，最後達到什麼目標。我希望把這些環節說清楚，讓學人了解修行意義，從而生起信心，明明白白地去做。

但人挺複雜的，各有不同需求。有些人要明白道理後才有信心去做；也有些人，聽明白了就覺得沒有神祕感了，反而沒興趣做。所以，有的師父只提供一個咒語，藏地來傳法的上師們通常會這麼做。如果學人很有信心，專心持念某個咒語，也能由此完成心行的轉化。但如果只是稀里糊塗地念著，本身就很難專注，往往念著念著就堅持不下去了，那樣的效果也就可想而知了。

問：如果有人處於重病中，該如何引導他們學佛呢？

答：對於處在病痛中的人，主要可以從兩方面幫助他們。一是引導他們稱念佛號，以此消除業障，並令精神有所依託。很多患者在病中都會感到恐慌，需要一個強大的精神支柱做依託。念佛，既可助其消除違緣，亦可令其心有所屬，不再彷徨失措。此外，我們還可以爲他們做一些善事，如誦經、放生等，將功德迴向給他

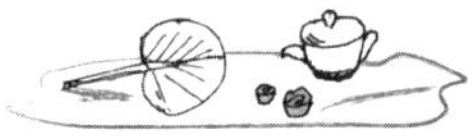

們，透過外在力量幫助其減少違緣，增長善緣。

問：佛教怎麼看待人的夢？

答：一般來說，夢是妄想的顯現、迷惑的顯現。所以，佛教中有個詞叫「顛倒夢想」。從佛教觀點來看，我們的整個人生就是一場夢，而不僅僅是在睡眠狀態下才會做夢。至於一般所說的夢，和意識活動很有關係。此外，還可能受諸多因素影響：有時是一些鬼神進入夢的狀態；有時夢中也能感得佛菩薩的示現；有時修行達到一定程度，夢中會出現相應境界；有時是意識超前的感知，會在夢中預知一些將要發生的事；有時是過去生命留下特別強烈的印象，會在今生乃至很多生中不斷以夢境顯現相關影像，諸如此類，不一而足。

問：聽說居士可以到西園寺學佛，寺方管吃管住，請問現在還是這樣嗎？

答：現在的情況也差不多。西園寺有個戒幢佛學研究所，下設教學部、弘法部、研究部等。研究所不僅招收出家眾，也招收在家男眾。只要通過相關考核，就可進入研究所學習，食宿全免，每月還發一定補助，只要專心學習即可。這也是戒幢佛學研究所的特殊之處。當然，我們對在家眾也有一定要求，除各方面條件合格外，還須具出家意向。

另外，弘法部也開設了「青年佛學進修班」，主要對象是有工作的青年居士，每週六來西園寺上課。爲方便外地信眾學習，每堂課都有網路直播，無法前來寺院的學員可以透過網路同步學習。我爲這個進修班設定了兩年的學習課程，包括佛法概論、戒律、道次第、百法明門論等，使在家居士能在短時間內掌握佛法的基礎修學和基本知見。

9

心靈啓示錄

—— 二〇〇六年支提山華嚴寺「心靈之旅夏令營」答疑

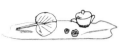

二〇〇六年七月，濟群法師應邀參加支提山華嚴寺「心靈之旅夏令營」，爲營員們做主題開示、答疑解惑及禪修指導。

走入佛門

問：學佛與未學佛，在生活觀念上有很大差別，甚至會出現一些矛盾。怎樣處理兩者之間的關係？

答：學佛和未學佛，生活觀念和方式確有不同。這種不同，是否就意味著衝突呢？其實未必。社會上，許多人的人生信念和生活方式也不盡相同，關鍵是彼此理解，互相尊重。

身爲佛弟子，對沒有信仰的人，我們首先要學會尊重，切莫因爲「我有信仰，你沒有信仰」而人爲對立，甚至瞧不起對方。在充分尊重他人的前提下，可尋找適當時機將佛法介紹給他們。但不要強行推銷，否則反而可能引起牴觸情緒。在這個問題上，要有善巧方便，要以別人願意接受的方式去傳播。

有時，我們也可能碰到這樣的問題：因爲信仰而爲生活帶來一些不便，甚至引起他人的誤解或非議。若有類似困擾，我們可以表現得含蓄一些，但也不必刻意隱瞞。身爲公民，有自己的追求，有正當的宗教信仰，是受到法律保護的，不是什麼見不得人的事。我之所以說要表現得含蓄一些，主要是爲別人著想，不希望他們誤解，更不希望他們因誤解而造作口業。從我們自身來說，完全可以按自己選擇的方式理直氣壯地生活。

問：佛與眾生的根本差別在哪裡？如何跨越？

答：佛與眾生之間，在一般人的感覺中，似乎有著天淵之別。事實上，距離並不是那麼遙遠。《六祖壇經》有句話說：「前念迷，即凡夫，後念悟，即佛。」佛，爲覺悟之義。在迷的狀態，就是眾生；而在悟的狀態，那就是佛。

從迷到悟，雖是一念間，但要跨越這一念，轉變這一念，並不是那麼容易。很多人都知道「放下屠刀，立地成佛」一說，難道只是把手中的屠刀放下，就能解決

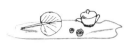

問題嗎？

佛經記載，有位梵志（編按：有志求梵天之法者，或譯淨行者）求見佛陀，兩手各拿一朵花。佛陀說，放下，他就把左手的花放下。佛陀又說，再放下，他就把右手的花放下。但是，佛陀還讓他放下……兩手空無一物時，還要放下什麼？就是放下內心的執著，這才是我們要放下的關鍵。如果內心還有執著，即使將外在的一切都放下，仍是不能解決問題。佛法修行，重點是解決心理問題，所謂轉迷成悟，轉染成淨，轉識成智。所以說，佛與眾生之間的平等，是本質上的平等；差別，則是顯現上的差別。

問：是否只有透過坐禪才能觀察自己的心？

答：坐禪並不是唯一的方式，透過反省，也能觀察我們的心。當然，反省能夠觀察到的層面較爲有限。透過坐禪，則能培養觀照力，對內心有更深層的認識。

我們的心往往非常混亂，常聽得有人說：平時也沒察覺自己有多少妄想，可一打坐，妄想反而不絕如縷。爲什麼會這樣呢？其實，這並不是打坐時妄想比平時更多，而是因爲以往從來沒有觀照內心的習慣，雖然妄想紛飛，卻不知不覺。透過禪修，我們才有能力觀照內心。就像點燃的蠟燭，必須在無風狀態下，才能照清周圍景象。而在風中搖曳的燭光，是無法將四周朗照分明的。坐禪，不僅能幫助我們觀照內心，止息妄想，還能以此消除負面情緒。

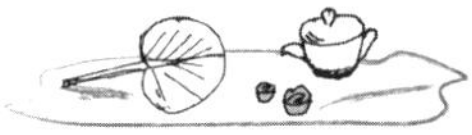

問：我讀過法師的《佛教徒的人生態度》，您在文中提到：要樹立正確、積極的人生觀和價值觀。請問佛教對此是怎樣定義的？我們又該怎樣去做？

答：價值觀離不開人生觀，而正確人生觀的建立，需要佛法智慧的指引。價值觀是探討人活著的意義。人應該怎麼活著才有意義？佛教認爲：人生的價值，一是令自己覺悟，完成生命的覺醒和解脫；一是令他人覺悟，幫助眾生圓成無上菩提。

怎樣才能做到這兩點呢？關鍵是修學佛法。佛法認爲，每個生命都蘊涵著無限寶藏。但我們卻爲無明所惑，每天在煩惱、妄想中虛度年華。一旦開發這個寶藏，就能成就無量智慧，無量慈悲。不僅自己開心自在，還有能力幫助普天下所有的人。所以說，正確的價值觀，是建立在修學佛法的基礎上。

問：有人說學佛要「一門專修」，但四弘誓願又說「法門無量誓願學」。該如何處理兩者的關係？

答：開始學佛，其實不必考慮「一門專修」或「法門無量誓願學」，這兩種都爲時過早。重要的是打好基礎，主要有三方面：一是修習皈依，以此培養對三寶的信心；二是修習發心，以此確定人生的目標；三是受持戒律，以此培養健康的生活方式。

有了這些基礎之後，應一門深入，依某一宗派修學，樹立正見，修習禪觀，體證佛法。然後，爲利益更多的眾生，才能「法門無量誓願學」。

心之種種

問：佛教中將「生氣」稱爲什麼？怎樣阻止這種情緒在內心蔓延，儘量不去生氣？

答：生氣，在佛教中稱爲「瞋恨心」。一般來說，是對我們不願聽見、看見的人或事的反應。尤其是「自我」受到傷害後，我們往往條件反射般地現起這一煩惱。想阻止這種情緒的發生，要從平時開始預防。其關鍵在於淡化自我，設身處地多爲他人著想。同時，積極修習愛心、慈悲心，以此化解並消除瞋恨。

當瞋心生起時，則應學會觀照自己的心，而非順著這一心理慣性繼續。很多時候，事情剛發生時我們並沒有那麼生氣，但因爲不懂得及時制止，使之在心中不斷蔓延、壯大。事實上，這個瞋心正是我們自己培養起來的。所以，我們在面對逆境或受到傷害時，應以智慧觀照自己的心，而不是隨著瞋心跑。那樣的話，瞋心就會像星星之火般，順著風勢燃燒起來。

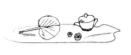

問：嫉妒心是一種什麼狀態？當別人嫉妒你時，該如何應對？

答：嫉妒心是一種什麼狀態，我想很多人都有體會。當我們看到別人成績比自己優秀，事業比自己輝煌，就會感到失落或不以爲然，甚至會去阻撓、傷害別人，就是在嫉妒。因此，嫉妒也屬於瞋心的表現。

如果被別人嫉妒，有兩種應對方式。一是不去理會，這是比較消極的方式；一是對對方抱以同情，盡力給予幫助，以此化解嫉妒心，這是比較積極的方式。

問：什麼是菩提心？有什麼重要意義？如何成就菩提心？

答：菩提心是我要利益一切眾生的心，這比「解放全人類」的目標更宏大。一切眾生不僅包括人類，也包括動物，包括六道中的一切生命。我們應從內心發願，希望盡自己的所有力量幫助他們解脫痛苦。

發起這一願望，意味著要徹底打開心量。我們不妨想一想：自己心中裝著幾個人？有的或許只有一個，有的或許多幾個，還有的或許裝著更多。發起菩提心，就意味著要把一切眾生納入心中，不論人或動物，不論熟悉或陌生，也不論喜歡或討厭。總之，對一切眾生都願給予平等無別的關愛，無私無我的幫助，這就是菩提心。只要還有一個眾生是我們不願幫助的，就不是圓滿的菩提心。

當我們具備這一願望後，便能成就觀音菩薩那樣的大慈大悲。觀音菩薩並非生來就是菩薩，也是在不斷發菩提心、修菩薩行的過程中，完成「無緣大慈、同體大悲」的生命特質。如果我們像佛菩薩那樣胸懷一切眾生，盡力幫助他人，也能完成和觀音菩薩乃至十方諸佛菩薩同樣的生命特質。

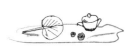

問：每天都會想些亂七八糟的事，如何才能使心平靜下來？

答：一般人確實會有很多念頭，很多妄想，這也和我們的生活環境有關。我們每天要讀書，處理人際關係，做得很多，也想得很多。其中，想得最多的，一定是自己最在意的事。所以，要讓心平靜下來。首先要使它變得簡單一點。可以從以下幾點做起：

一、生活及環境儘量簡單。那樣，對心的干擾能相應減少。

二、培養淡泊的心態。如果對很多東西都不去在意，心自然比較清淨。所有念頭都是因爲在意某件事引起的，否則，不論發生什麼，都如雁過長空，不留痕跡。

三、以佛法智慧指引我們的心。對每天經歷的事，都以佛法智慧觀照。看完就把它放下，而不是進一步帶動情緒，這樣就能保持無所得的心，空空蕩蕩，自由自在。

四、奉行一個修行法門。每天以一定時間誦經、念佛或禪修。

五、生活必須有規律。

若能做到這幾點，心自然能比較穩定，比較清淨。

問：習氣一旦形成就很難改變。當習氣剛剛形成，怎樣察覺、怎樣對治呢？

答：佛教所說的戒定慧，就是幫助我們改正習氣的具體方法。社會上，幫助吸毒者改正，是讓他們住進戒毒所；幫助犯罪者自新，則是請他們住進監獄中。其實，這些都是「戒」的方式。很多習氣的產生，往往和環境有關。進到戒毒所或監獄，就是讓他們在一個特定的、不易引發習氣的環境中改造，使原有的錯誤需求逐漸萎縮。至於佛教所說的戒，則是個體行爲的自律。透過遠離不良環境，達到自律、自治的效果。

持戒之後，須進一步修定。我們的心，之所以會被很多外在事物干擾，會因誘惑而引發某些不良習氣，主要原因就在於沒有定力，且本身就不夠獨立。修定，可以訓練心安住的能力。一旦具備相應力量，妄念就無法對心形成干擾，做到所謂

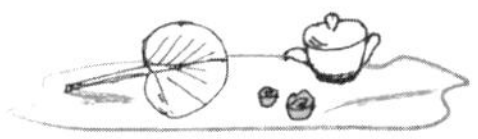

「敵軍圍困萬千重，我自巋然不動」。

而最重要的，則是開顯智慧。生命本具解脫煩惱的能力，欲將習氣斬草除根，關鍵是開發生命內在的無限能量。一旦這種能力得以開發，我們的心就會像虛空那樣廣闊無垠。如是，煩惱習氣就失去立足之地了。

問：我總是做夢，請問法師做夢嗎？您如何克服做夢的心理？

答：如果平時妄想較多，晚上的夢往往也較混亂。夢是意識的延續，在睡眠中，意識會繼續活動。夢中出現最頻繁的，多半是白天纏繞在我們腦海的那些影像，正所謂「日有所思，夜有所夢」。

我自己是很少做夢的，因爲平日就很少把事情擱在心裡。從修行角度來說，一方面，我們要積極擔當利益社會大眾的事；另一方面，又要保持無所得的心。儘管忙於種種事務，但做過就放下，不讓那些事情在內心留下痕跡。這也是我們在修行過程中必須培養的一種能力。如果不具備這一境界，做事會很辛苦，而且本質上和世人忙於事業沒什麼區別。反之，雖然忙忙碌碌，但除了體力上的辛勞之外，不會再有精神上的負擔和得失。

誘惑與需求

問：現在社會誘惑很大。您是如何面對外在誘惑的？出家人消極嗎？

答：生活在現實中，會面對不同的誘惑。相對而言，出家人的干擾比在家眾少一些。寺院本身環境較爲清淨，但也不是眞空，不是無菌病房。

當我們面對誘惑時，怎樣對待呢？其實，這還涉及到對「誘惑」的定義。一般所認爲的「誘惑」，是否對任何人都是「誘惑」呢？其實不然。在開示中，我講過關於需求的原理。每個人的需求不同，你需要的東西，才可能對你構成「誘惑」。只要是你不需要的，雖然能「誘惑」別人，卻不能「誘惑」你。

經常會有人問我：你們不想吃肉嗎？想吃的話怎麼辦呢？他們之所以會提出這類問題，完全是站在自己的立場揣度。因爲他們覺得肉很好吃，身體很需要。但對我來說，情況是什麼呢？如果我在外邊吃飯，遇到鍋洗得不乾淨，稍微有點葷油，或有些蔥蒜味，吃過馬上就會嘔吐。所以，對這些我是避之惟恐不及，根本談不上被「誘惑」，更不需要抵制「誘惑」。

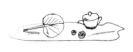

可見，誘惑並不是絕對的，關鍵在於我們有沒有相應的需求和貪著。同時還在於，我們能否以智慧去審視。若能當下將很多東西看破、放下，它就無法對我們構成誘惑，構成心理障礙。

至於出家人是否消極，其實消極與積極也是相對的。世人所說的消極，多半是以自己的人生追求及價值觀爲評判標準。比如他們熱中於世間名利，便覺得那些熱中此道的人是積極的，反之則是消極的。這是世人認爲出家人消極的主要原因。我們要知道，出家人雖然不像世人那樣追名逐利，但這並不意味著他們沒有追求。事實上，他們有著更遠大的人生目標。他們所追求的，是開智慧、斷煩惱、證眞理，乃至幫助天下所有眾生認識眞理、走向解脫。這樣的人生，難道不是更積極的人生嗎？

問：我工作四年了，經常不知道自己眞正需要什麼，不知道未來要走向哪裡。我該如何認清人生方向，不虛度此生呢？

答：對人生定位明確，才能了知自己究竟需要什麼。做到這點其實並不容易，但這恰恰是我們今生能否成功的關鍵。有了合適的定位，我們就會知道究竟該做些什麼，究竟要以什麼方式來度過今生，而不是隨著社會潮流，隨著外界誘惑，隨意改變生活目標。那樣，可能將一生蹉跎在接連不斷的選擇中，卻什麼也抓不住。

發現自己適合做什麼非常重要。每個生命的起點都不是空白，而是帶有某種天賦，或是擅長經商，或是擅長文學，或是擅長行政，這些正來自過去生的積累。所以，我們應考量自身條件，發現自身長處所在。從另一方面來說，生命並非機械運轉。機器不懂得怎麼做才有價值，人卻可以選擇，選擇怎麼活才會更有意義。也唯有人，才能確立自己的人生觀、價值觀。

學佛的意義，正是幫助我們樹立正確的價值觀，擁有清晰的人生方向。關於這個問題，多學佛法之後會逐漸明瞭，至於怎樣選擇，關鍵還在於自己。

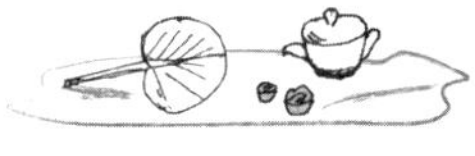

自利與利他

問：我們回去後如何帶動和影響身邊的人學佛？

答：我希望，在座的每位同學都能變成一盞明燈，以此點燃人們內在的心燈。

從佛教角度來說，我們內心的某個層面都具備佛菩薩那樣的智慧，都和佛菩薩無二無別。我們之所以還是凡夫，只因目前被無明所障。所以，希望你們都能成爲光明使者，以佛法智慧開啓更多的心燈。

至於影響周圍人的方式，也有很多種。我們可以帶他們去親近善知識，或是和他人分享自己學佛的心得和學佛後的改變，還可以向他們推薦一些入門書籍，介紹一些佛教網站，諸如此類。我覺得，能以佛法幫助他人，是最持久的幫助。任何物質的幫助只能暫時解決問題，而以佛法利他，卻能令人徹底改變命運，改變人生，意義極爲重大。希望在座的同學都要發菩提心，讓更多人有機會接觸佛法。

問：六度的建立有什麼依據嗎？

答：佛教法門的設定確實是有根據的。六度，屬於菩薩道的修行內容，透過這些修行成就佛陀的悲智兩大特質。成佛並非成就外在的什麼，而是慈悲和智慧的圓滿成就。

六度中的前五度，主要是成就福德，而第六度則側重於成就智慧。當然，這並不是絕對的，其中也有一些平行交織的內容。所以，六度法門的設定是有依據的。除此之外，佛教中還有四諦、三十七道品、三無漏學等修學內容。對於不同眾生，佛陀設定了不同的教化方式。雖然法門千差萬別，但最終目的是導向解脫，導向成佛。

問：怎麼做才能眞正孝養父母？

答：孝養父母，首先要了解父母眞正需要的是什麼？這是身爲子女應當觀察的，而非根據自已的想法做出決定。了解之後，應儘量按照父母的意願去做，儘量滿足他

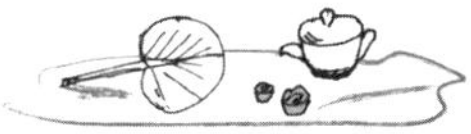

們的需求。當然，父母的需求有時未必明智。如果有這樣的情況，我們應以佛法智慧來衡量，決定怎樣做才是對父母眞正有利，而不是一味隨順。此外，還應善巧地以佛法引導他們。這樣的話，不僅可以讓他們感受心靈安寧，且能盡未來際地獲得利益，才是眞正的大孝。

問：普渡眾生也要靠金錢和權力嗎？

答：僅靠金錢和權勢是無法普渡眾生的，關鍵是靠智慧和品德。當然，金錢和權勢可以給人物質幫助，但這種幫助達不到度化效果，只能暫時解決眼前的生活問題。眞正的度化，是以智慧幫助他人解除內心困惑，幫助他們開智慧、證空性、斷煩惱。

觀我・觀空

問：法師曾談到關於「我」的問題，請問法師，您心目中的「我」是怎樣的？

答：在我的認識中，找不到「我」的存在。若說有「我」，那只是一種錯覺。幾乎每個人都活在強烈的自我意識中，可是，「我」究竟是什麼？金庸小說《射鵰英雄傳》中，西毒歐陽鋒神智混亂，逢人便問：我是誰？黃蓉告訴他：你不是歐陽鋒嗎？他又進一步追問：歐陽鋒是誰？這個問題你們能回答得出嗎？

「我」，是現有的色身嗎？色身，其實離不開父母的遺傳基因，離不開組成它的各種元素，離不開生存所需的各種食物。除了這些，身體是什麼？

「我」，是現有的思維嗎？身爲人，總會有各種想法、情緒。平時，我們也會不自覺地將這些當做是「我」。生氣時，覺得是「我」在生氣；高興時，又覺得「我」很高興；思考時，更覺得是「我」在思考。其實，這些同樣是錯覺。我們把情緒、想法當作是「我」，但情緒、想法也是因緣所生，並非固定不變的。在不同狀態、不同環境下，我們會有各種不同的心態、情緒。哪種情緒，才是眞正的「我」呢？

佛教講無我，就是要破除對「我」的錯覺。這些所謂的「我」，正是妄想所致，

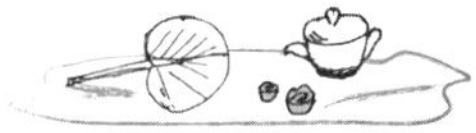

並由此帶來諸多煩惱。唯有破除我執，才能認清生命眞相，還「我」本來面目。

問：「色不異空，空不異色，色即是空，空即是色」是何意？能舉例說明嗎？

答：色，代表物質的存在。空，在常人觀念中是什麼都不存在。在一般人眼中，存在（色）和不存在（空）是對立的。存在，一定就是存在；不存在，一定就是不存在。

從佛法觀點來看，色和空卻是一體的兩面，正所謂「色即是空，空即是色」。爲什麼說「色即是空」？比如，茶杯就是一種物質的存在（色）。但茶杯又是什麼？不過是一堆材料的組合。離開組成茶杯的各種元素，還有沒有茶杯呢？其實是沒有的。也就是說，客觀上根本沒有不依賴條件而獨立「存在」的茶杯。

茶杯的「存在」，無非是兩個東西：首先，是名稱。我們把這件東西稱爲茶杯，這個名稱有沒有絕對性？可以稱它爲桌子嗎？如果一開始就把茶杯叫做「桌子」，我們現在就是用「桌子」喝水了。一切名稱都是人爲安立的，包括我們自己，也可以有很多名字，如筆名、藝名，還有現在流行的網名等等。所以，佛教

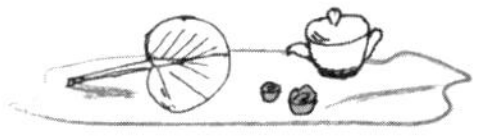

將名稱稱爲「假名安立」，並非實實在在的。

其次，茶杯的本身只是一種因緣假相，是由一大堆條件構成。而這些條件本身，又是由更微細的物質單位構成。佛教認爲，其中沒有一個不可以再細分的元素。任何存在，哪怕再微小，也是有形狀的。只要有形狀，一定可以再分。既然可以再分，就不是固定不變的實體。

由此可見，「有」和「空」其實不是對立的。佛教說的「空」，並非什麼都沒有，而是沒有固定不變的實質。這些「存在」，本質就是空無自性的，即所謂的「當體即空」。但我們要知道，「空」並不影響因緣假相的存在，兩者是統一的。如果以這樣的智慧觀照，就能擺脫對世間的執著，就有能力去體悟空性。

生死．抉擇

問：蘇格拉底能在獄中笑對死亡，而多數人卻害怕死亡。您認爲是什麼原因造成的？

答：像蘇格拉底這樣，以視死如歸的從容去擁抱死亡，禪宗公案中也有許多。禪宗大德們有各種各樣的死亡方式，有的坐著死，有的站著死，有的還倒立著死去……這些都體現了他們超越了死亡。在他們的境界中，不僅超越了對死亡的恐懼，而且對未來的去向清清楚楚，所以才能來去自如。

常人之所以恐懼死亡，一方面是出於對生的留戀，當我們不想離開這個世界，又不得不離開時，這種痛苦不捨導致了恐懼。另一方面，則是因爲不知道自己究竟會去向哪裡？不知道那個未知世界究竟有些什麼，自然就會畏懼死亡。我們又因畏懼而逃避，雖然每天都在考慮生計問題，卻從不爲死亡做過絲毫準備。由於忽略了死亡，所以，一旦死亡來臨時，自然手忙腳亂。就像不會游泳的人掉到水中一樣，其慌亂可想而知。

西方哲學家說過：學習哲學是爲死亡做準備的。事實上，了生脫死也是學佛的重要內容。所有的死亡經歷，不是非到死亡那一剎才降臨。對禪修功夫深厚的修行人來說，完全可以在當下體證死亡經驗。如果生前就具備相應的經驗，那麼死亡對他們來說就不存在任何問題了。

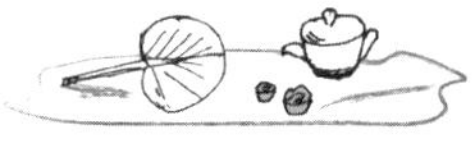

問：一個曾有恩於我的人，現在需要我的幫助。爲此，我必須提前離開這個令我改變人生態度的夏令營，可我不想離開，內心很困擾。我該怎樣做呢？

答：在人生中，我們會面臨很多選擇。兩相權衡時，選擇的標準，往往取決於我們的價值觀。比方說，一方面你想學佛，一方面你要報恩。當然，報恩也符合學佛的要求，因爲佛法也倡導知恩報恩。但是事情總有輕重緩急，你應當考察一下：那個人對你的需要程度有多迫切，如果不回去會給他造成多大傷害，是否永遠無法彌補？如果不是那樣，不妨以後用另一種方式去幫助他、回報他，畢竟這幾天對你來說，也是非常重要的。但最後的取捨還要根據具體情況，靠你自己用智慧抉擇。

問：學習過程中難免出現競爭，但競爭使我非常煩惱，怎樣才能避免呢？

答：不必帶著競爭的心態，依然可以好好學習。

問：我想知道，什麼原因能讓一個人在功成名就時就能急流勇退？

答：其實，這往往代表某些人在人生過程中的體悟。我們可以看到，花開到最豔麗時，接著就是凋謝、枯萎；月亮最圓最亮時，接著就是虧損、黯淡。具一定的人生智慧後，就能看透這種規律，認識到無常的規律，認識到世事的虛幻。於是，在事業做到一定程度後，不再執著於此，而選擇急流勇退。否則的話，待到高峰過去之後，再想退出可能爲時晚矣，最後只能狼狽收場。還有一種情況，則是因爲他們找到了生命的更高價值，甘願放下世間一切去投入全新的追求，去完成精神的昇華。

問：最後，請法師用一句話鼓勵在座學員。

答：珍惜人生，把握當下，好好學佛。

大

寶殿

濟群法師著作系列

修學引導叢書

《探索》
《走近佛陀》
《道次第之道》
《菩提大道——《菩提道次第略論》講記》
《菩提心與普賢行願》
《尋找心的本來》
《你也可以做菩薩——《入菩薩行論》講記》
《學著做菩薩——《瑜伽菩薩戒品》講記》
《真理與謬論——《辯中邊論》解讀》
《認識與存在——《唯識三十論》解讀》
《超越「二」的智慧——《心經》《金剛經》解讀》
《開啟內在智慧的鑰匙——《六祖壇經》解讀》

智慧人生叢書

《你也可以這樣活著》
《心，才是幸福的關鍵》

《我們誤解了這個世界》
《我們誤解了自己》
《經營企業與經營人生》
《造就美好的自己》
《走出生命的迷霧》
《禪語心燈》
《怎麼過好這生活》
《有疑惑，才能開悟》

以戒為師叢書

《認識戒律》
《戒律與佛教命脈——標宗顯德篇解讀》
《僧伽禮儀及塔像製造——僧像致敬篇解讀》
《出家剃度及沙彌生活——沙彌別行篇解讀》
《比丘資格的取得——受戒緣集篇解讀》
《僧伽的教育問題——師資相攝篇解讀》
《僧伽的自新大會——說戒正儀篇解讀》
《僧團的管理制度——僧網大綱篇解讀》
《僧伽的定期潛修——安居策修篇解讀》
《僧格的年檢——自恣宗要篇解讀》
《戒律與僧伽生活》

金翅鳥系列　JZ09

有疑惑，才能開悟

作者　濟群法師
責任編輯　陳芊卉、李瓊絲
封面設計　夏魚
內頁排版　歐陽碧智
業務　顏宏紋
印刷　中原造像股份有限公司

發行人　何飛鵬
事業群總經理　謝至平
總編輯　張嘉芳
出版　橡樹林文化
台北市南港區昆陽街 16 號 4 樓
電話：886-2-2500-0888#2738　傳眞：886-2-2500-1951
發行　英屬蓋曼群島商家庭傳媒股份有限公司城邦分公司
台北市南港區昆陽街 16 號 8 樓
客服專線：02-25007718；02-25007719
24 小時傳眞專線：02-25001990；02-25001991
服務時間：週一至週五上午 09:30-12:00；下午 13:30-17:00
劃撥帳號：19863813　戶名：書虫股份有限公司
讀者服務信箱：service@readingclub.com.tw
城邦網址：http://www.cite.com.tw
香港發行所　城邦（香港）出版集團有限公司
香港九龍土瓜灣土瓜灣道 86 號順聯工業大廈 6 樓 A 室
電話：852-25086231　傳眞：852-25789337
電子信箱：hkcite@biznetvigator.com
馬新發行所　城邦（馬新）出版集團
Cité（M）Sdn. Bhd.（458372U）
41, Jalan Radin Anum, Bandar Baru Seri Petaling,
57000 Kuala Lumpur, Malaysia.
電話：+6(03)-90563833　傳眞：+6(03)-90576622
電子信箱：services@cite.my

一版一刷　2024 年 5 月
ISBN：978-626-7219-94-2（紙本書）
ISBN：978-626-7449-04-2（EPUB）
售價：380 元

城邦讀書花園
www.cite.com.tw

國家圖書館出版品預行編目（CIP）資料

有疑惑，才能開悟 / 濟群法師著．-- 初版．-- 臺北市：橡樹林文化，城邦文化事業股份有限公司出版：英屬蓋曼群島商家庭傳媒股份有限公司城邦分公司發行，2024.05
面；　公分．--
ISBN 978-626-7219-94-2（平裝）

1.CST: 佛教信仰錄　2.CST: 佛教修持

225.8　112022328

填寫本書線上回函